理性思考
的
藝術

余錦波——著

U0132575

商務印書館

理性思考的藝術

作　　者：余錦波

責任編輯：張宇程

封面設計：涂　慧

出　　版：商務印書館 (香港) 有限公司

　　　　　香港筲箕灣耀興道 3 號東滙廣場 8 樓

　　　　　http://www.commercialpress.com.hk

發　　行：香港聯合書刊物流有限公司

　　　　　香港新界大埔汀麗路 36 號中華商務印刷大廈 3 字樓

印　　刷：美雅印刷製本有限公司

　　　　　九龍觀塘榮業街 6 號海濱工業大廈 4 樓 A 室

版　　次：2017 年 2 月第 1 版第 1 次印刷

　　　　　© 2017 商務印書館 (香港) 有限公司

　　　　　ISBN 978 962 07 6591 9

　　　　　Printed in Hong Kong

序

商務印書館 1993 年初版，1995 年修訂版的《思考與理性思考》，由葉保強教授與我合撰，已經脫版多年。承蒙商務印書館張宇程先生厚意，認為此書在今日仍有參考價值，建議重新修訂出版。原版由二人合撰，分為上下兩編，體例及用意略有不同，而葉保強教授事忙，亦另有出版計劃，我徵得商務印書館及葉保強教授同意，將我所撰部分作出修訂，並加入新章節，獨立成書，題為《理性思考的藝術》。

新增的章節包括第 2 章〈言語的意義〉、第 3 章〈資訊的可靠性〉及第 8 章〈邏輯謬誤〉。其中〈資訊的可靠性〉一章之內容曾刊於由麥格羅希爾（McGraw-Hill）出版之《批判思考》一書，承蒙麥格羅希爾出版社准予載入本書之中，謹此致謝。[1] 我對此章亦曾稍加修改及擴充，以符合本書之體例。

我所理解的理性思考，涵蓋多個部分，包括確認主題、釐清意義、提出批評、推導結論、評核論證、揭發謬誤、檢驗猜想，亦包括判斷資訊的可靠性、提防認知偏差，以及了解涉及概率及統計的

1　方子華等著，《批判思考》，Singapore: McGraw-Hill, 2005。

論述。以上的各個理性思考的範疇，都有其實用方法，也就是所謂技藝或藝術（art）。

　　本書以簡明及實用為宗旨，扼要地解釋基本概念及思考原理，附以大量實例，不少更是出自日常生活的真實例子，每章前有熱身練習，章末附有練習題及摘要，書末附有參考答案。希望讀者可以輕鬆地學會最基本的理性思考的技藝，既可作進一步追求真知實學的準備，又可有一技旁身提防受人愚弄或誤導。

　　我十分喜歡一首詩《詠雪》，認為先得我心之所同然，亦可借以說明本書的撰作宗旨：

> 龍山風骨不須妍，掃卻塵埃照大千。
> 溶水化身滋草木，辟瘟滅蜮破雲煙。
> 詠吟誰比風花月？商略原同海瀑泉。
> 豈為樓臺徒點綴？要教來歲是豐年。

余錦波

2016 年 8 月 18 日於香港

目　錄

第 1 章
理性思考的性質與應用

1.1 何謂思考？

人在清醒的時候（其實在夢中的時候亦不例外），不斷會有一些念頭浮現腦海中。以下是一個例子：小麗在課堂上不留心聽課，她似乎正在想得出神，她是在思考嗎？她腦海中出現的意念可能是這樣的：“今天真熱呀！前面的女孩子穿的花裙很好看。晚上的約會我穿甚麼衣服好呢？糟了！明天要測驗，我差點忘記了呢！”小麗的念頭一個一個地浮現，有人稱這種念頭的接續浮現為意識流（stream of consciousness），這種意識流與本書所說的思考並不是同一回事。意識流是自動而不受制約的（Dewey, 1933: 4），思考則是有方向且受我們控制的。

我們平常說“我想如此這般”，例如說“我想現任美國總統可以連任”，意思是說“我相信現任美國總統可以連任”。這類想法與本書所說的思考亦不是同一回事。有某個想法是一個心理狀態（state），思考卻是一個活動（activity）、一個過程（process）。當然，思考的過程可以是由一個想法引起的，最後亦可以歸結於一個想法，但只是有一個想法（可以是僅憑自己的直覺或別人的說話而來的），並不算是思考。

思考是有目的的 —— 目的是求取某個答案，最簡單來說亦要包括以下的過程：（一）困擾、疑惑、不確定等狀態：（二）分析、尋找、質詢等活動（Dewey, 1933: 12）。

1.2 何謂理性思考？

　　思考有目的，而理性思考則不單有目的，而且是有方法的思考。沃森（James Watson）和克里克（Francis Crick）當初是如何靈機一觸，想到遺傳因子的結構是雙螺旋（double helix），其間的思考活動並無一定的法則可循。但得到這個想法後，如何去判斷他們的想法是否合理或正確，則有一定的章法可尋，這方面乃屬於理性思考的範圍。

菩提達摩東來，只為要尋一個不受惑的人。

我們可以將思考分為創造性思考（creative thinking）與理性思考（rational thinking）。[1]創造性思考是新意念的泉源，而理性思考則是檢定紛紜眾說的工具（Giere, 1979: 7）。

創造性思考與理性思考兩者不可偏廢。沒有了創造性思考，我們的思想內容將會貧乏——欠缺姿采和新發展：沒有了理性思考，我們的思想系統將會混亂——在眾說紛紜中不知如何判斷。正如孟子所說：“大匠誨人，必以規矩；學者亦必以規矩。”另一方面，“梓匠輪輿能與人規矩，不能使人巧。”正好道出了有規矩地思考（理性思考）的必要性及局限性。

1.3 理性思考的用途

現代社會資訊發達，面對一大堆資料，我們可以下甚麼結論呢？不同的主張在社會上流傳，有人說中國人是醜陋的，又有人說中國人是美麗的，有人說算命是迷信，又有人算命是很靈驗的，究竟我們應該如何判斷呢？

在檢討一個主張是否可以接受時，我們可以做的思考包括：

1. 澄清意義
例如說“中國人是醜陋的”，意思是說所有中國人都是醜陋的，

1　這個分法並不表示創造性思考是不理性的（irrational），只表示創造性思考是非理性的（non-rational）。不理性即違背理性，換句話說，理性可以告知我們一個相反的答案。而非理性即是理性根本不可以告知我們任何答案，故無所謂合理性或不合理性。

抑或是有些中國人是醜陋的，抑或是多數中國人是醜陋的？如果指的是所有或大部分中國人是醜陋的，可以只是靠列舉古代或時下一些中國人醜陋的例子來證明嗎？如果說"中國人是醜陋的"，意思只不過是有些中國人是醜陋的，我們是否亦同樣可以說"中國人是美麗的"？在我們決定是否贊同"中國人是醜陋的"一語之前，我們先要弄清楚說話的含義。本書第2章的討論，有助於我們了解別人的說話是有內容的還是廢話，是清楚的還是含糊的，與及是否可以憑經驗事實判斷其真假。

2. 指出謬誤

如果別人不單提出一個主張，並且提出理由支持其主張，我們可以看看他所提出的理由是否足以支持其主張。例如說："子曰：'學而時習之，不亦樂乎！'可見學習是很快樂的。"以上的說法表面上提出了一個理由，說明學習是快樂的，實則提出來的理由並不成理由。所謂理由是孔子曾經這樣說過，但孔子這樣說究竟有甚麼理由呢？可能他是有其理由的，但上面的一段說話並沒有提到。由孔子曾經說過學習是快樂的，而斷定學習是快樂的，結論不一定錯，但在推理上就已犯了錯誤，因此提出理由以說服別人的原意不能達到。此類提出不成理由的理由稱為謬誤，在第七章中有詳細討論。

3. 提出反駁

假如有人說："男人都是負心的"，指出"女人亦有不少是負心的"是否一項相關的批評呢？如果別人只是提出一個主張，並沒有附上任何理由支持，我們可以怎樣回應呢？如果對方所能肯定的只是某個個別的具體現象（例如說："桌上有蘋果"），我們只要指出他不符事實便可以了。但假如他說的是普遍和抽象的主張，例如"勉強是沒有幸福的"，我們又有甚麼途徑發現其是否錯誤呢？在第3章中我們將討論到批評意見的方法。

4. 尋求答案

理性思考不限於檢驗主張。有時候我們手頭上並沒有一個答案，可以讓我們進一步看看是否正確。有時候我們手頭上有的只是一個問題，我們需要的是尋找答案。尋找答案需要的可能是先猜想，後驗證。猜想若只憑靈感，便無一定的軌跡可循。如此，則屬於創造性思考的範圍。在本書第4章中我們要討論的是可以單憑推理解決的問題。假如我們手頭上的資料已足夠推導出問題的答案，我們可以運用推理，整理已知的資料，以求出我們想知而又未知的答案。

5. 檢討論據

我們要以理性的方法說服別人或讓自己被說服，便不能沒有論據。但怎樣的論據才是充分的或好的呢？以論據支持主張，整體而言，稱為一個論證。論證有不同類型，有些是涉及邏輯連結詞的，例如："如果我的丈夫做了虧心事，他會送禮物給我，現在他送禮物給我，可見他是做了虧心事。"有些是涉及百分率的，例如："我訪問過系內的50位同學，發現其中只有六成同學有讀報習慣。由此可以推斷，大專學生中大約只有六成有讀報習慣。"亦有些是涉及概率的，例如："一間核電廠有嚴重意外的機會是一萬分之一，所以如果有1,000間核電廠，有嚴重意外的機會亦只不過是十分之一。"在第5、6、8、9章我們將討論到不同類型的論證。在第10章中則論及對猜想的檢驗。

1.4 理性思考與獨立思考

現代教育很着重獨立思考，但究竟甚麼是獨立思考呢？一些人認為獨立思考就是要有主見，有自己獨特的見解，好像不是標奇立異，不是死不悔改，便不足以稱為獨立思考。於是，在二十世紀仍然堅持"地平說"的人，亦可以美其名為獨立思考了（Gregory, 1987: 772-774）。

如果獨立思考就是有自己的意見，不受別人影響，始終堅持己見，那麼獨立思考又有甚麼價值呢？獨立思考與頑固又有甚麼分別呢？

如果獨立思考是有價值的，則獨立思考的價值不在於擁有與別人不同的意見，而在於對意見有反省及批評的能力 —— 不論那些意見是別人的抑或是自己的、是對手仇人的抑或是至愛親朋的。而這種對意見的反省及批評，正是本書所說的理性思考。

人的行為的動機可以是多方面的。如果你的親人被指是賊，你可能不問根由，不探究你的親人是否真的是賊，一心只想幫他擺脫困境。但有不少時候，人有一個動機去探求真理，而在探求真理的過程中，沒有比理性思考更好的工具了。

第 2 章
言語的意義

古語説："言之有物"，意思是説話有內容，並不單是一些聲音，而是實有所指。又説："言不盡意"，意思是説話雖然不能完全表達心中的意思，但在相當程度上可以起到傳意的功用。總之，説話要有內容有意義，是對一個人説話的基本要求。

:: 熱身練習

試指出以下的句子是否有內容：

	有內容	無內容
1. 做生意賺錢之道在低價買入，高價賣出。	□	□
2. 有些人喜歡吃辣，有些人不喜歡吃辣。	□	□
3. 要發生的事始終都要發生。	□	□

答案：
句1：沒有內容。
句2：有內容。
句3：沒有內容。

2.1 言語與意義

然而，言語並不一定有意義。不單是胡亂堆砌的字詞沒有意義，合乎文法構成的句子也不一定有意思。試看以下兩句句子：

> 售經標罷只與據。
>
> 無色的綠觀念在亢奮地睡眠。

第一句是我從一本書中隨意任指七字組成，這句很明顯是無意義的廢話，它根本不合文法，並不是嚴格意義的句子，只可以説是一個字串（word string），由字詞組成，卻沒有意義。第二句是語言學家諾姆・喬姆斯基（Noam Chomsky）的例子（原句是 "Colorless green ideas sleep furiously."），用以説明合文法的語句不一定有意思。第二句看似一句完整的句子，每一部分都好像有意義，但合在一起卻令人無法理解。可是，由於它用的概念相當具體，又包含明顯的語意矛盾，比較容易看出是一句廢話。

然而，如果語句合乎文法，內容並無矛盾，用的又是抽象的概念，則並不容易看出是一句廢話，甚至可能被誤會含有高深的哲理。且看看下面的一句：

> 豐盛的境界在於純真地試探。

以上的一句説得對不對？你又是否同意？是或不是？以上的問題你應如何回答？在我們要決定一句説話對不對或是否同意之前，我們先要知道那句説話的意義。以上的説話到底有何意義？以上的説話是我創作的，但我亦不知這句説話有何意義，因為這句説話是我用"廢話生產機"造出來的。

"廢話生產機"的原理是將空洞抽象的詞語用合乎文法的方式組織起來，成為彷彿有道理但不能確定是甚麼道理的句子。以下是一部簡單的"廢話生產機"的部件，包含四個部分：

（i）形容詞：積極的、豐盛的、深刻的、高尚的
（ii）名詞：概念、境界、人生、真理
（iii）副詞：純真地、卓越地、正面地、精密地
（iv）動詞：試探、突破、思考、交流

　　我們可以"（i）+（ii）在於（iii）+（iv）"的句式生產出大量合乎文法的句子，例如："深刻的真理在於精密地思考"，"高尚的概念在於卓越地交流"。不要問我這些句子是甚麼意思，它們只是任意組合而成的句子，不一定有意思，而沒有意思的句子就是廢話。我們可以為廢話下這樣一個定義：廢話是用字詞堆砌而成卻沒有意思的說話。

　　以下的一段說話竟然出自一篇學術論文，但恐怕只是一段廢話。

　　　　$E=Mc^2$ 是一個有性偏見的方程式嗎？或許是。讓我們做這個假設，它是：只要它讓光速凌駕於其他與我們生命息息相關的速度。對我而言，指出這等式中可能的性偏見本質，不是此直接被核子武器所利用，而是它讓跑得最快者具有特權地位……[1]

1　Luce Irigaray，"Sujet de la science，sujet sexué?"，轉引自 Alan Sokal, Jean Bricmont，《知識的騙局》，台北：時報文化出版有限公司，2001，頁 117。

2.2 廢話、空話、渾話與假話

以下四類都是有問題的説話：廢話、空話、渾話與假話。廢話沒有意思，空話沒有內容，渾話語意不清，假話不符事實。

上面已經解釋了"廢話"，下面會仔細討論不同類型的"渾話"。至於是否"假話"，還得看看事實。例如"大地是平的"、"天鵝都是白色的"都是假話。"大地是平的"是假話，因為並不符合地球是圓的這個事實。"天鵝都是白色的"是假話，因為有些天鵝並不是白色而是黑色的。究竟是否假話，很多時候不能單靠思考判定，還得通過經驗去認識事實。[2]

這裏要重點説的是"空話"，指的是沒有內容、説了等於沒説的句子。以下是香港人耳熟能詳人所樂道的例子：

> 一定係，除非唔係。
> 射十二碼有兩個可能性：一係入，一係唔入。
> 阿媽係女人。

這些説話沒有任何內容，沒有提供任何資訊。發言者好像提出了一個論點，但實際上並沒有任何主張。以上的説法很明顯是空話，不能騙到任何人，只能招人笑柄。但以下例子確實是有學者煞有介事地主張，亦有不少人附和，或認為甚有見地的：

> 太多的自由不是一件好事。

2　揭發假話，便見真理，但在廢話、空話、渾話的迷霧之中，卻更像一片混亂。英國哲學家培根（Francis Bacon, 1561-1626）説得好："真理在錯誤中比在混亂中更容易呈現。"（"Truth emerges more readily from error than from confusion."）

中國文化中好的成分應該保留，不好的成分應該揚棄。

說“太多的自由不是一件好事”，並沒有告訴我們應有多少自由，或自由應有何種界線。何謂“太多”？如果是多多益善，便無所謂太多，既說是太多，就是有嫌棄了，也就是說不好。所以說“太多的自由不是一件好事”並沒有任何內容，只是一句空話。其實，太多的甚麼都是不好的，如果仍然是好的，就不是太多了。另一句“中國文化中好的成分應該保留，不好的成分應該揚棄”好像在反傳統與保守傳統之間提出第三條路線，但它其實沒有提供任何方向。“好的”包含應該保留的意思；“不好的”亦包含不應該保留的意思。所以它只是說“應該保留的就保留，不應該保留的就不保留”，這個主張並非“絕對守舊主義”與“絕對反傳統主義”所不能接受，因為前者會說絕大部分都好及應該保留，後者會說絕大部分都不好或基本上都不好及不應該保留，兩者都可以完全同意“應該保留的就保留，不應該保留的就不保留”的說法。所以任何人都可以同意，因為這一句話根本是一句空話，沒有任何內容。

歌星葉倩文的《女人的弱點》一曲中有一句歌詞是：“明明抗拒結果心又軟。”有人問：“女人是否很難被動搖？”有人答：“如果已經死心就不會被動搖；如果尚未死心，乞求就會有用。”周圍的人大為嘆服，認為這個答案很完美，又充滿智慧。其實這個答案只是一句空話，何謂“死心”？如果能被勸動，就不算死心，所謂“死心”與“不能被動搖”根本是同一回事。所以說“如果已經死心就不會被動搖”根本就是一句沒有內容的空話。

中世紀時，醫生發現吸食鴉片之後會令人有睡意，為何會如此呢？有醫生提出以下的解釋：

鴉片令人有睡意，是因為鴉片含有 *virtus dormitiva*。

何謂 "*virtus dormitiva*" ？ "*Virtus dormitiva*" 是 拉 丁 文，"*virtus*" 即能力，"*dormitiva*" 即睡眠，"*virtus dormitiva*" 即導致睡眠的能力。所以整句的意思其實不過是說 "鴉片能夠令人有睡意，是因為鴉片擁有令人有睡意的能力。"表面上好像提供了一個解釋，但其實又是一句空話。空話對掩飾無知、愚弄他人可能有用，但對於傳遞資訊、求取真知則並無幫助。

空話

2.3 歧義、含混、闕義與歪義

上面説過的"渾話"，即語意不清的説話，包括以下幾個類別：歧義、含混、闕義（語意不完整）與歪義。

1. 歧義

先説歧義（ambiguous），指字詞或陳述有多於一個解釋。例如粵語中的"巴閉"，可以指很正面的出色或傑出，也可以指很負面的吵鬧或麻煩。"先生"可以指丈夫、可以指老師，也可以是對一般男性的尊稱。"香港"可以僅指香港島，也可以指包括港九新界離島的香港特別行政區。"食飯"一詞亦可有廣狹二義，廣義的"吃飯"包括吃麵、鋸扒；狹義的"吃飯"則與吃麵、吃粥相對。

值得注意的是：

（1）歧義字詞的兩個意義如果相差甚遠，不會導致混亂；

（2）歧義的字詞如果在上文下理只能有一個合理解釋，亦不會導致混亂。例如説"天體"可以指天上的星體，亦可以指不穿衣服，但"天體物理學"其中的"天體"則只能夠是指天上的星體；

（3）只有在歧義字詞的兩個意義有些相近或類似，並且所用的意義不能從上文下理確定的時候，歧義才會構成混亂。例如，討論"政府資助的學校應否傳授宗教知識"，當中"宗教知識"一詞有歧義，可以指關於宗教的知識，例如其歷史及教義，亦可以指將某個宗教當成知識向學生傳授。作出何種解釋，對論題能否成立有很大的影響。又例如"無益"可以指沒有益處，亦可以指有害處，說某種名貴藥材無益，究竟是指其有害，抑或僅是沒有益處，很可能並不能從上文下理決定，但卻可能是正反相方爭論的關鍵所在。

再看看以下的例子：

拍寫真集的女性很可憐，因為她們在出賣自己。

以上的主張好像提出了一個理由，解釋為甚麼拍寫真集的女性是可憐的，但這個理由到底是甚麼？這個理由又是否有說服力？問題在於"出賣"一詞有歧義。"出賣"可以指背叛，亦可以指付出一些東西去換取利益。如果說那些女性被人背叛，有人欺騙或陷害她們，那麼她們當然是可憐的，但不見得拍寫真集的女性都是這種受害者；如果說"出賣"指的僅是她們讓人拍寫真照以賺取利益，那說的固然是事實，因為這就是拍商業性質寫真集的意思，並沒有提出任何實質的理由解釋她們為何可憐。由於有歧義的問題，所以提出的理由或能支持結論但不見得可以成立，或是可以成立但並不能支持結論。看起來好像有些說服力，其實只是基於語言的誤用，或現時人們常說的"語言偽術"。

如果在討論中用了有歧義的字詞，一時候代表一個意思，一時候代表另一個意思，則整個討論便欠缺一致性，在字面上前後連貫，但實際上卻將不同意義的內容混為一談。且看以下的例子：有回教徒在攻佔了異教徒的城市後，主張把圖書館內的藏書一把火燒光，理由如下：

如果那些書的內容與《可蘭經》相同，留下那些書籍並無必要，有《可蘭經》就夠了，可以把那些書燒掉；如果那些書的內容與《可蘭經》不同，就是異端邪說，更加不可以保留，應該把那些書燒掉。

以上的主張好像窮盡了所有的可能性，其他書只能與《可蘭經》相同或不同，但無論如何都應燒毀。問題是，說其他書與《可蘭經》"相同"的時候，其意思是內容重複，因此並無保留的必要；而在說其他書與《可蘭經》"不同"的時候，其意思是違背《可蘭經》教義，因此不可保留。也就是說，所謂"相同"或"不同"有歧義，"相同"指的可以是"重複"，亦可以是"符合"。"不同"指的可以是"不重複"，亦可以是"有違背"。那麼，既不重複又不違背的究竟是與《可蘭經》相同或不同呢？那些書籍又是否有燒毀的必要呢？

在以上的例子中，如果我們排除了歧義，則論證的魔力馬上消失。如果"相同"指的是"重複"，則說"與《可蘭經》相同的書籍並無保留的必要"是可以成立的，但說"內容與《可蘭經》不同的書籍不可保留"就不能成立了，因為那些書籍只是沒有重複《可蘭經》的內容而已。同樣道理，如果"相同"指的是"符合"，則說"與《可蘭經》不相同的書籍不可保留"縱使可以成立，但說"內容與《可蘭經》相同的書籍不可保留"就不能成立了，因為這不過是說那些書籍符合《可蘭經》的教義而已，並無任何理由燒毀。

如果討論中的關鍵字詞有歧義，不同的解釋會導致不同的結論，則澄清歧義是理性討論需要優先處理的工作。

2. 含混

含混（vague），亦可稱為"模糊"（fuzzy），是"精準"或"確切"（precise）的相反，指一個詞語的應用範圍有程度之分，沒有明確的界線，例如：“肥”、“寒冷”、“禿頭”。以上的字詞都有一個意思，並沒有歧義不同。我們雖然知道這些字詞的意思，但卻不能肯定這些字詞的應用範圍。要多肥才算是肥？有些冷但又不是真的很冷又是否算寒冷？頭髮稀疏、髮線後移又是否算禿頭？

在含混已能提供足夠訊息的時候，含混並不是問題。例如：天氣轉涼，家人叫你多添衣服，已能傳達足夠訊息，起到提醒或表示關心的作用，不必要求澄清轉涼是攝氏多少度，添衣是添多少件等。另一方面，在含混已能夠提供足夠訊息的時候，無節制地要求精確反而會妨礙溝通。例如，將“熱”規定在某個溫度或將禿頭規定為少於若干條頭髮，這雖然能提高“熱”或“禿頭”的訊息內容，但卻縮窄了這些字詞的應用範圍，因為我們不能肯定自己的所見所感，是否真的符合這個嚴格定義。

指責別人語句含混，就是指他在一些重要的方面不夠確切。例如，經濟分析員說：“香港樓價將於短期內調整”，你自然不滿他說得不夠清楚，到底短期是多長的時間？調整的幅度有多大？又例如，僱主對你說：“你做妥工作，我便會給你人工。”你自然會問：做到怎樣才算做妥？人工到底是多少？

含混的概念雖然沒有清楚界線，但仍有一定的內容，因此處理含混概念有兩種陷阱：一種是忽視含混概念的含混性，把含混概念當成是精準的概念處理；另一種是誇大含混概念的含混性，忽視含混概念亦有相當的內容，無視程度上的差別。

忽視含混概念的含混性，會陷入非黑即白思維（black and white thinking）。例如說：“如果學生上課留心，說一次就夠了；如果學生上課不留心，說一百遍也沒有用。”留心與否有程度之分，由很留心、偶有不留心、常常不留心，至完全不留心都有。只是把學生分為兩類，即完全留心與完全不留心，就是只考慮了兩個極端情況，而沒有考慮不同程度的可能性，故屬於非黑即白思維。

忽視含混概念亦有一定的內容，犯的是滑坡謬誤。例如說："主張不影響他人的行為不應受到法律的管制是不通的，因為任何行為或多或少都會影響他人。"主張"不影響他人的行為不應受到法律的管制"的人說的"影響"自然是"相干而有重要性的影響"，而不是"任何影響"。例如，在室內吸煙可以說影響他人，但在野外吸煙就不可以說是影響他人，不能因為排出的煙對大氣層有微量的影響而說成有影響。因為影響有不同的程度，而企圖泯滅不同程度的差別，將所有影響混為一談，便會犯上滑坡謬誤——將微小的差別等同巨大的差別，好像滑了一腳，就一定要滑到斜坡的底部。

3. 闕義

闕義是指句子在意義上不完整（meaning incomplete）或語意上不完整（semantically incomplete）。句子雖然在語法上完整（syntactically complete），但在語意上不完整，要把缺失的一部分補上，那意義上才會完整。

例如廣告說："用 X 牌漱口水更有效"，在語法上是一句完整的句子，但這句其實沒有把話說完，在語意上並不完整。要令句子在語意上完整，就要補上遺漏的一部分。既說更有效，就有待指出比甚麼更有效。所以句子的語意結構應該如下："用 X 牌漱口水（比……）更有效。"當然你會認為是比你慣用的或很多人用的其他牌子更有效，但廣告可能是取巧的，廣告商可以自辯他們沒有說謊，因為他們其實指的是比單用牙膏更為有效，或只是比其中一個牌子的漱口水更有效。

以下的説話都在語意上不完整：

> 你的建議有益和有建設性。
> 勉強是沒有幸福的。
> 我現在道歉。

所謂"有益和有建設性"，必是有對象和相對於某個目的，到底是對哪一方有益，對哪一個目的有建設性？"勉強"必有作者和受者，到底誰勉強誰，誰人沒有幸福？你勉強他，是他沒有幸福，抑或你沒有幸福，抑或大家都沒有幸福？至於"道歉"必定是對某人就某事而道歉，不能夠只是道歉，必定要是對某方有歉意並向其表達此歉意，必定是就過去的某件事而提出，單説"我道歉"在語意上並不完整。

以上的例子在語意上都不完整，要補回一些部分，在意思上才會完整。

你的建議（對……）有益和有建設性。

（……）勉強（……）是沒有幸福的。

今天我要（向…… 為……）道一個歉。

4. 歪義

歪義（distorted meaning / idiosyncratic meaning）指的是所用的字詞的意義受到歪曲，與一般流行的用法不同，卻與正常的意義混為一談。例如説"社會工作者"是"在社會上工作的人"、"事件永在"是指"事件永遠曾經存在"。

有些主張好像言之成理，但這些主張之所以能成立，原因是對當中的一些字詞賦與了一些特殊的解釋，這些主張只是在這些特殊的解釋下才得以成立。

例如有專欄作者提出一個觀點，認為懶人的貢獻比勤力工作的人要大。他說：

> 聰明而勤力的人聽上去似乎是最佳人種，其實，聰明而懶的人才對人類貢獻最大。只有聰明而懶的人，才會花心思去令自己方便舒服，發明種種新產品來服務人類。

這裏所說的懶人其實並不懶，指的是努力鑽研令到其他人可以省功夫舒服一點的人。一般意義下的"懶人"指的是不肯心花思或不願工作的人，但作者卻將"懶人"歪曲為肯花心思努力鑽研省力方法的人。他的論點是可以成立的，卻是建基於歪義，亦與我們平常意義下的"懶人"並不相干。

曾經有內地高官為香港的黑社會說過好話，他說"黑社會也有好人"、"黑社會中也有愛國人士"，引來香港輿論譁然。他後來解釋說：

> 黑社會中也有好人，這些好人指的是那些改過自新並且反過來打擊黑社會的人。

然而，曾經是黑社會，現在已脫離黑社會改過自新，並且反過來打擊黑社會的人，是否還可以算是黑社會呢？講者為了補救自己的失言，勉強將"黑社會也有好人"一語解釋過去了，但卻將"黑社會"解釋為打擊黑社會的人，根本違背日常用語，亦脫離了原先討論的論題。

對於一些標奇立異的主張，我們要特別留心它是否用了歪義。

看看以下一段説話：

> 失戀可分為主動失戀和被動失戀兩種。主動失戀是自
> 己希望結束關係。若想善意地結束，最佳方法是令對方覺
> 得討厭，比如常做"鑽耳"之類的不雅舉動。當對方討厭你
> 時，你提出分手也不會太傷對方的心。[3]

日常用語中，"失戀"並不等同於"分手"。如果自己希望結束
關係，而用計謀與對方無痛分手，根本不算是失戀。稱為"主動失
戀"亦不可，正如主動把不想要的物件拋棄，亦不可稱之為"主動
失物"。這種歪理對逃避責任自欺欺人的人可能有幫助，但對於澄
清事實了解真相並無裨益。

3　李天命，《破惘》，香港：明報出版社，1996 年，第 6 頁。

摘要

- 對言論的合理期望：
  （1）有內容
  （2）有意義
- 有問題的言論：
  （1）廢話：欠意義
  （2）空話：欠內容
  （3）渾話：欠清楚
  （4）假話：欠正確
- 渾話包括以下的幾種情況：
  （1）歧義：字詞或陳述的意義多於一個合理的解釋
  （2）含混：字詞的應用範圍沒有明確的界線
  （3）闕義：句子在意義上或語意上不完整，有待進一步補充才有完整意義
  （4）歪義：字詞的意義被歪曲，不同於一般正常的用法

:: 練習題

指出以下的言論是否有不清晰的地方：

1. 老師：「如果不能在指定日期（4 月 22 日）前交功課，一定要預早通知我。」

2. 英國哲學家洛克、法國哲學家盧梭、《美國獨立宣言》，都說過以下的一句說話：「人生而平等。」香港某名人卻說：「人又怎會是平等的呢？人當然是不平等的。高矮肥瘦都已經不同啦！」

3. 某議員被批評凡事親中，某議員直認不諱，並且說：「中國人親中是理所當然的。」

4. 大林牌榨汁機的廣告：「大林牌榨汁機可以多榨百分之二十的果汁。」

5. 作者：「這題練習題的答案我是不會告訴大家的。如果認真閱讀過本章的內容，大家一定會知道答案。如果沒有認真閱讀過本章的內容，我將答案說出你們也不會明白。」

6. 新電訊廣告：「新電訊每分鐘便宜四毛錢。」

7. 曼聯球會主席表示，今年 7 月在亞洲進行的三場表演賽，一定會派遣主力球員東來。

8. 「容許報界對消息來源保密，這種做法對我們的社會大有益處。因為讓提供資料的人不致暴露身份，對社會的利益很有好處。」

9. 考試局的高官偷了試卷及答案，交給兒子，結果兒子所有科目都考了最高等級，後來卻被揭發。有一次課堂時間，同學討論此事，大家異口同聲說那兒子笨，因為他一字一句都抄到答題簿上，留下作弊的證據。剛好老師經過，亦加入一起討論。他説那兒子其實不愚蠢，如果愚蠢就不可能把答案背得一字不漏。雙方爭辯得面紅耳赤。[4]

10. 《明報》社評批評中國的異議分子，例如當時仍在中國的王丹。社評認為 "異議" 不好，最好是 "平議"："知識分子對執政的統治者可以採取四種態度。第一種是 '和議'，即是：不論統治者倡議怎樣做，他都附和。第二種是 '異議'，即是：不論統治者倡議怎樣做，他都基本上反對。第三種是 '平議'；即盡量就事論事、持平講理，有贊成也有反對。第四種是 '不議'，即是：謹守本位工作，避免發表政見。"

4　此題由葉志峰同學提供。

第 3 章
資訊的可靠性

現今社會資訊發達，每天人們通過不同的途徑獲取資訊，例如報章、雜誌、電台、電視、互聯網、社交媒體。如果沒有判斷資訊是否可靠的能力，個人的資料庫中勢必充斥着錯誤的訊息。根據這些不可靠的訊息而作出的進一步思考或判斷，也很難會是明智的。到底我們應如何分辨可靠與不可靠的訊息？

:: **熱身練習**

以下的訊息是否可信？

可能是　不可信

1. 有人帶了一個十分古舊的金幣，向博物館館長求售，金幣上面寫明 "540 BC"（公元前 540 年）鑄造。此金幣是否真品？　□　□

2. 某位歷史人物的死因如下：他發了一個夢，夢見自己被包公審訊，包公説罪證確鑿，下令當場用虎頭鍘將他處死。正當他在夢中快要魂斷虎頭鍘之下的時候，他的妻子用紙扇拍打他的頸背，想將他叫醒。他因此受驚，竟然一命嗚呼。　□　□

答案：
1. 不可信；
2. 不可信；

3.1 不可靠資訊舉例

先看以下兩則小故事：[1]

一、金幣的故事

有人帶了一個十分古舊的金幣，向博物館館長求售，金幣上面寫明"540 BC"（公元前 540 年）鑄造。博物館館長不但不肯買金幣，還向警局報警，為甚麼？

二、發夢的故事

有人向別人講了以下的故事，並且言之鑿鑿地說是確有其事。話說有人發了一個夢，夢見自己被包公審訊，包公說罪證確鑿，下令當場用虎頭鍘將他處死。正當他在夢中快要魂斷虎頭鍘之下的時候，他的妻子用紙扇拍打他的頸背，想將他叫醒。他因此受驚，竟然一命嗚呼。這個故事有何不妥？

在第一個故事中，金幣上註明是鑄於"540 BC"，但這並不可能是真的，因為公元前 540 年的人根本不可能知道那一年日後會被稱為公元前 540 年，稱之為公元前 540 年，正好說明是後世的人偽造的。這個金幣之所以肯定是假的，在於它包含了自相矛盾或者是自我推翻的資訊。

第二個故事雖然情節比較離奇，但並沒有自相矛盾，並不可以說是不可能發生的。這個故事之所以不可信，是它不可能有一個可

---

1 以下兩個小故事改編自 David Perkins, *The Eureka Effect: The Art and Logic of Breakthrough Thinking*，New York: W. W. Norton & Company, 2000, pp. 28-29。

靠的資料來源。縱使這個故事是真的，但其他人從何得知？發夢的那個人不可能告知其他人他做的夢，因為他是被嚇死的，不可能在死前告知別人他在被嚇死前所夢到的情節。其他人亦不可能從他的太太處得知，因為他的太太只見到他暴斃，並不可能知道他正在做甚麼夢。縱使法醫官為他驗屍，亦只知道他是被嚇死的，不會知道他發夢時夢見甚麼而被嚇死。由此可見，縱使這個故事是真的，其他人亦無從得知。因此，述說這個故事的人，並不可能是真有所據，只能是無中生有，或是道聽塗說。

我們面對他人提供的資訊，處於一個兩難的境地 —— 一方面我們不得不依靠他人提供的資訊，另一方面他人提供的資訊有很多並不可靠。

先看一段取自 1997 年 7 月 13 日《星島日報》副刊作者韓山的專欄文章，題目是〈信你就傻〉：

> 有朋友用電子郵件傳來一則所謂花邊新聞，大意是說以色列特拉維夫有個女人把一隻蟑螂扔進馬桶裏，還朝之噴灑了整罐殺蟲藥，後來他的丈夫下班回家，走進洗手間，一面小解，一面抽煙，把煙蒂扔進馬桶時，瀰漫的殺蟲藥燃着了，轟隆炸了開來，把傳宗接代的小傢伙炸傷。救護人員到場，以事件太過荒唐，抬傷者下樓梯時終於忍不住狂笑起來。結果一干人等滾下樓梯，全部受傷送院。原來的傷者自然傷上加傷。

作者接着解釋這個電郵傳來的新聞為甚麼不可信：

> 這是舊聞，而且是西貝貨，十多年前我在報紙上看

過，這則小花邊由某國際通訊社發出，刊登後不久便被揭發是捏造出來的。記憶所及，新聞見報後，有不少好心人紛紛寫信去特拉維夫慰問那個倒楣的丈夫，但醫院遍查記錄，發現並無此事，大眾譁然，通訊社道歉，並且解釋說是以色列某自由記者投的稿，連他們也受騙了。

以上是電郵傳來關於小人物的故事，甚麼人都可以散發這些消息，收到這些消息後亦難以考證，有人出於惡作劇而散發這些消息愚弄其他人並不足為奇。然而，官方或專業的傳媒，有組織地歪曲事實亦不是罕見的事。例如 1999 年 11 月 24 日《明報》報導，馬來西亞的《星洲日報》刊登的照片把前副首相安華刪去，換上了其他人，原因是 "安華已不再是國民陣線一員，讓他留在照片上並不恰當。"

2002 年 12 月 28 日《明報》以頭條報導，由前賽車手雷爾創立的宗教組織雷爾教派已成功複製人類，第一個複製女嬰已於 2002 年 12 月 26 日出生。《明報》以大字標題 "首個複製人誕生"。當天的《明報》社評說：

> 加拿大一個不見經傳的教派昨天宣稱，全球第一個複製嬰兒已經誕生。雖然消息尚待獨立的專家驗證，但複製人類的技術明顯已漸趨成熟，而不同國家的科學家其實早已秘密競賽，看誰可以複製第一個嬰兒，因此即使昨天的公佈最後證實有誤，複製人的誕生只是遲早的問題而已。

奇怪的是，《明報》既然明白發佈消息的是一個不見經傳的教派，並且懷疑消息可能有誤，為何竟然不經印證，就把僅僅是一個教派的宣稱當成是事實報導，並且放在頭條的位置？說這事是遲早會發生的事是軟弱無力的辯解，難道可以說人類登陸火星是遲早的事，就可以在今天的新聞上說人類登陸火星嗎？說"不同國家的科學家其實早已秘密競賽，看誰可以複製第一個嬰兒"更是"莫須有"之詞。既說是秘密製造複製人，別人當然是無從否認，亦無從反駁，但若真的是如此秘密，編輯又如何得知？如果不是信口開河或道聽塗說，恐怕就是心靈感應了。

從常識常理而論，雷爾教派複製人類的可信性很低。複製人類並不是科學上的大突破，複製人類的技術與複製其他哺乳類動物並沒有甚麼分別，但在複製動物的過程中會有大量失敗的例子，如果同樣的方法用在人類身上，可算是草菅人命，因此科學家並不認為複製人類是重大的科學突破，只是不負責任的行為而已。複製羊、牛、猴成功已證明複製人亦可行，因此真正的科學家不會參與這方面的競賽。因為成功了並不會得到科學上的榮譽，只會得到以人類作實驗品的惡名。另一方面，雖然說複製人不是重大的科學突破，但複製人也不是一般人可以做得到的，複製人需要尖端的技術，不是隨便一個宗教教派想做就成。因此，除非公佈消息的人有一些過去研究生物工程以至複製技術的往績，否則這樣輕易入信實屬過於草率。

3.2　學術著作亦不可盡信

其實不單止對於一般的報章雜誌報導，要懂得辨別其可信程度，對於理應是相當嚴謹的學術著作或學術期刊，亦不可盡信。以下是一些例子。

　　有學者對教育學期刊的文章水平做過一個檢測，他從 31 本不同的教育學期刊中選了 81 篇已通過評審並且刊登了的文章，再將這些文章當成是新投的稿件，請專家學者重新評審，得出的結果是只有 7% 可以予以刊登，41% 應進行修改，其餘的 52% 被評為達不到可出版水平。[2]

　　D. H. Fisher 在其著作 *Historians' Fallacies: Toward a Logic of Historical Thought* 裏，從大量的當代歷史學著作中獲取例子，說明當代知名歷史學者常犯的謬誤不下 100 種。[3] 在推論上犯了基本的謬誤，當然並不表示其結論一定錯誤，但已足以令他們提供的論據喪失支持他們結論的力量。建築在謬誤之上的結論，其可信性自然成疑。

　　對於學術刊物的文章中的數據分析，一般人多會認為應該不會出錯，亦不會有工夫核對文章中的數據分析。有感於此，L. Wolins 作了一次小規模的研究，他重新分析 7 篇刊於心理學期刊的文章所提供的原始數據，結果發現其中 3 篇的數據分析有重大錯誤。[4] 另一位學者 O. Morgenstern 則發現很多經濟學著作，引用的統計數字都沒有註明出處，有不少數字根本就是錯誤的。[5]

2　Cf. E. D. Wandt (ed.), *A Cross-section of Educational Research*, New York: Mckay, 1965, pp. 1-7.

3　D. H. Fisher, *Historians' Fallacies: Toward a Logic of Historical Thought*, New York: Harper & Row, 1970.

4　L. Wolins, "Responsibility for Raw Data", *American Psychologist*, 17 (1962), pp. 657-658.

5　O. Morgenstern, *On the Accuracy of Economic Statistics* (2nd Ed.), Princeton, N.J.: Princeton University Press, 1963.

縱使是學術著作，尚且有水平參差、數據分析錯誤，及引用數據失準等問題，其他出版物的可靠性自然更不在話下。然而，在日常生活中，我們不可以持一個過高的標準，如果事事要證據確鑿、無可懷疑才相信，則便不可以在我們的判斷或行為中充分利用資訊。因此，在日常生活中，關鍵的問題不是資訊是否完全可信，而是資訊是否相當可信，或者說其可信度是否到達一個合理水平。

3.3 判斷資訊可靠性的方法

然而，我們如何判斷資訊是否相當可信，或其可信度是否低於一個合理水平？

要回答以上的問題，我們可以考慮以下幾點：

（一）有否註明資料來源及資料來源是否可靠？

（二）提供資料者與所提供的資料是否有利益關係？

（三）可否從其他途徑印證？

（四）是否有違已知事實？

判斷資訊是否可靠的一個方法，是看提供訊息者有否註明訊息來源。註明訊息來源可以令讀者知道所傳遞的資訊是否道聽塗說或信口開河，如果讀者要查證，亦可以知道如何着手。報章的報導如果不是自己採訪的新聞，應該註明出處，例如是“路透社”（Reuters）、“法新社”（Agence Française de Presse）、“美聯社”（Associated Press），或是轉載自《自然》（*Nature*）、《科學》（*Science*）、《人民日報》，或是甚麼雜誌、報章。本地報章在報導外地新聞的時候，如果只是寫“本報訊”或“綜合報導”，即沒有提供資料來源。如果資料有多個來源，綜合為一篇報導，在列出源頭之外，再註明"綜合報導"，可說無可厚非。但如果報導一些花邊新聞或海外奇談，不列出資料來源，只說是"綜合報導"，就有取巧之嫌，並且會大大降低報導的可信性。

第二個可以考慮的問題是：提供資料者與所提供的資料是否有利益關係？如果其他人相信了他所提供的資料，他是否會因而得益？例如，說藥物對瘦身能快速見效，並且全無副作用，如果是由售賣此藥物的公司提供資訊，我們便要稍加提防，不可輕信，因為售賣藥物的公司自然會片面強調產品的好處。又例如地產代理公司的代表，接受電視訪問時，經常都說樓價會上升。他們當然希望人們相信樓價會上升，因為這樣他們才會有更多生意。

需要注意，如果僅僅因為一個主張是由一個有利益關係的人提出，而否定這個主張，卻是錯誤的，因為這樣會犯了邏輯上因人廢言，或訴諸人身謬誤（*argumentum ad hominem*），但如果僅由此而判斷資料內容不可信，則是完全合理的。[6] 例如地產代理公司代表說樓價會上升，他們說的不一定不對，因為他們不停這樣說，始終有些時候會說中。但考慮到他們這樣說可能是基於自己的利益，我們對他們的說法存疑或要求取得額外證據，卻很合理。

記者報導官方資料時，不透露資料來源，其來源可能是官方亦可能是非官方。這時要考慮資料的性質，或記者不透露資料來源的原因而作出不同的判斷。馬丁・李（**Martin A. Lee**）及諾曼・蘇羅蒙（**Norman Soloman**）在他們所著的《不可靠的新聞來

6　不信 X 是對的，並不等於相信 X 是錯的。這是 Quine & Ullian 所說 nonbelief 和 disbelief 的分別（Quine & Ullian 1978: pp. 12-13）。

源》(*Unreliable Sources: A Guide to Detecting Bias in the News Media*) 一書中指出:

> 記者採用不具名的官方來源時,我們應提高警覺。如果不具名的新聞來源是個告密者,而且所提供有關其主管或單位的資訊正確、屬實,那麼這種資料提供可視為 "洩密",而記者報導出來也可說是為大眾服務。相反地,假使不具名的來源是發自政府機構的聲音,而且並無合法的理由不透露姓名與身份,那麼這種資訊的提供就可視為 "刻意安排" 的,而記者報導出來,就是為政府機構而非為大眾的利益服務。[7]

判斷資料是否可信,可以考慮的另一點是:可否從其他途徑印證?例如同一段新聞,其他報章怎樣報導?報導提到某大學的某科學家在某期刊發表了某個重大發現,某大學是否真的有這個科學家?是否可以找到他在期刊上發表的文章?多個獨立的資料來源同時錯誤的機會,一般而言會較少,因為要多個獨立的資料來源合謀作假比較困難。

當然,如果各個報導其實都是來自同一個資料來源,也就是說幾個資料來源並不是獨立的,則進一步核 也可能於事無補。2002年1月15日《明報》港聞版就報導了區域法院審訊的一宗行騙案:

> 警方透露,一個有組織犯罪集團涉嫌與去年的9宗剪

7　馬丁・李、諾曼・蘇羅蒙著,楊月蓀譯,《不可靠的新聞來源》,台北:正中書局,1995,頁60。

斷電話線騙款案有關。集團派出一名男子，向多間銀行出示公司匯票，要求轉賬至另一個戶口，銀行職員嘗試致電公司核實，惟該公司的電話線早被該集團剪斷致未能聯絡上，騙徒遂提供一個電話號碼，聲稱能聯絡該"董事"（實為騙徒的同黨）。職員不虞有詐，經該"董事"核實後批出巨款。

由於用來作核實之用的電話號碼是由騙徒提供的，自然不能作為獨立的資料來源，去核實騙徒的説話是否可信。

判斷資訊是否可信的另一個要點，是看看資訊的內容是否有違已知事實。如違背了既有知識，則較難令人相信，除非有異常堅實的證據。尋常的主張只需要尋常的證據；超乎尋常的主張卻需要超乎尋常的證據。[8] 如果有人説彌敦道塞車，我們可以採用一個比較低的標準，如果有兩三個人不約而同地説彌敦道塞車，我們可能已認為那是相當充分的證據。如果説的是彌敦道上有飛機行駛，我們就不會只是聽了兩三個人的證供就覺得滿意，我們會有更高的標準，例如：看到新聞報導的片段，並且聽到解釋（原來飛機是科學館的展品，當晚要運到科學館安放）。如果説的是彌敦道出現恐龍，我們看了電視播出的新聞片段也不一定相信，可能要多看其他傳媒的報導，甚至要親眼看到才相信。如果説的是彌敦道上的建築物變成了雀鳥，一下子都飛到天上，彌敦道周圍變成了一個大廣場，這種事縱使是我們親眼看見，我們還是不敢相信。我想説明的

8　Martin Gardner, *Science: Good, Bad and Bogus,* Oxford: Oxford University Press, 1983, pp.214.

是，多少的證據才算充分，要視乎一個主張是尋常抑或異於尋常的主張，愈異於尋常的主張，愈需要充實的證據去支持。

3.4 判斷資訊可靠性示例

要說明以上的幾項準則，我們可以用以下一篇報導作例子。

操縱基因製造二郎神 科研果蠅周身生蟹眼

（美聯社華盛頓二十四日電）瑞士研究人員週五報告說，操縱基因可使果蠅的翼或腿腳，甚至其觸角的頂端，額外地生出眼睛，像蟹眼一樣。

瑞士巴塞爾大學科學家在《科學》雜誌上撰文說，他們所做出的使果蠅各處生出眼睛的示範，使人想到他們稱之為"蟹眼"的一種基因，可能是該昆蟲眼睛整個複雜構成中的主要控制部分。

霍爾德、卡拉茨和格靈等研究人員說，這些非正常部位的眼睛，像蟹眼一樣，它包含整個眼睛結構，有角膜、色素和對光產生反應的細胞 —— 光感受器。

通過放大鏡對這些額外眼睛的外表進行觀察，可見到有在正常的果蠅眼睛上所見到的複眼結構和豎毛。

不過，研究人員指出，現在還未知道這種眼是否有視覺功能，或者它能否將感光訊息傳到腦部。（張勇新譯）

（摘自 1995 年 3 月 25 日《星島日報》）

文章的標題十分嚇人，説是“果蠅周身生蟹眼”。果蠅比普通蒼蠅要細很多，生一隻蟹眼已經不勝負荷了，現在竟然“周身”（全身）都生了蟹眼。留意標題説的並不是把蟹眼移植到果蠅身上，而是改變果蠅的基因，令到它生出蟹眼。這確是難以令人置信的。

　　但我們若細看內文，便可發覺報導的內容平實合理。文章開首已交代是美聯社提供的消息，但美聯社又憑何知道呢？文章第二段進一步交代，消息來源是《科學》雜誌，《科學》雜誌是有崇高聲譽並且十分普及的學術刊物，一般圖書館都有訂閱收藏，如果看了報導後想更詳細了解，可以到圖書館翻查此雜誌。文章更指出研究人員的姓名及服務單位，如果有人懷疑，大可按圖索驥，用諸如電子郵遞的方式向發佈研究成果的科學家問個明白。文章內容並不如標題所説令到果蠅“周身生蟹眼”，而是藉由操縱基因令到果蠅在身體的不同部分（諸如翼、腿、觸角頂端）“額外地生出眼睛”。説的是在觸角頂端生出來的額外眼睛“像蟹眼一樣”，並不是説那些真的是蟹眼。

　　這些科學家的發現，並沒有違背我們現時的知識，亦沒有大大地超出我們現時的知識。縱使我們不清楚果蠅基因每一部分的含義，但藉着“嘗試與錯誤”（trial and error），我們已可以有一些類似報導所説的發現。我們可以將果蠅的一部分基因複製到其他部分，看看有甚麼後果。如果發覺接駁到不同部分，會令到出生後的果蠅的不同部分生出眼睛，我們便可以知道我們複製的那一部分大抵是控制眼睛成長的了。在複製的時候，我們並不一定知道如此複製有何意義或後果，但做了之後便可以獲得一些概念。因此，像報導中所説的果蠅在身體不同部位生出額外的眼精，並非不可思議。

　　文章又説“這些非正常部位的眼睛……包含整個眼睛結構……

對光產生反應……不過……現在還未知道這種眼是否有視覺功能，或者能否將感光訊息傳到腦部。"已知甚麼，未知甚麼，也説得十分清楚，並無駭人聽聞的渲染。

根據以上的分析，上述的報導雖然頗為奇特，但基本上是可信的。需要汲取的教訓是，看報章不能只看標題。[9] 例如以上的報導，內容是譯自國際通訊社，但標題卻是本地編輯所加的。如果編輯只是草草看過內容，或是誤解文意，標題可以變得很誤導甚至錯誤。[10]

從以上的例子可以看出，新聞報導中，有些是不可信的，有些則是可信的；並且是有方法分辨新聞報導是否可信的。這種分辨能力也應該是思考方法的一部分。

現代人面臨一個兩難局面：一方面，他人提供的資訊有很多並不可靠；另一方面，我們又不得不依靠他人提供的資訊。一個人親眼所見十分有限，如果只肯接受自己親眼所見的資訊，則所掌握的資訊必十分有限。我們無可避免要接受他人提供的資訊，但也不可不經選擇地接受。因此，我們有需要提高識別可靠與不可靠資訊的能力，以決定甚麼資訊不值得我們接受。

9　參看《不可靠的新聞來源》一書："記者並不為自己寫的新聞稿下標題，標題是編輯所定的。這或許正是何以有時標題與新聞內容抵觸的一個因素。標題不僅會誤導那些只大略翻翻報紙的人，而且為一則新聞作出特殊的見解，設定思想傾向來影響我們如何 讀新聞內容。我們必須明察與新聞內容不一致的騙人標題或文章題目。"（馬丁・李、諾曼・蘇羅蒙著，楊月蓀譯，《不可靠的新聞來源》，台北：正中書局，1995，頁 50。）

10　誤導（misleading）與錯誤（mistaken）並不是同一回事。一句誤導的話本身可能沒有錯，但會引導人得出錯誤的結論；一句錯誤的話則是本身已是錯誤的。如果我明知圖書館有 3,000 本書，別人問我圖書館有多少書，我說 "30 萬本"，則我所說的是錯誤的。但如果我說 "不足 30 萬本"，這會引導人誤以為圖書館有 20 多萬本書，則我所說的是誤導的。

摘要

- 兩種絕不可信的資訊：

  （1）包含自相矛盾或自我推翻的資訊；

  （2）不可能有一個可靠的消息來源。

- 虛假資訊流傳的原因：

  （1）道聽塗說，以訛傳訛；

  （2）故意捏造，愚弄他人；

  （3）有組織地歪曲事實，謀取利益；

  （4）理解錯誤，弄真成假。

- 判斷資訊可靠性的考慮：

  （1）是否有註明資料來源及資料來源是否可靠？

  （2）提供資料者與所提供的資料是否有利益關係？

  （3）可否從其他途徑印證？

  （4）是否有違已知事實？

:: 練習題

1. 試評論以下的報導是否可信：

少婦接受人工授精手術　誕下"人身狗面"怪胎！

現代科學和醫學昌明，在人工受孕方面，進展更快，想不到竟而引起罕見的人類悲劇。

為了便利人工授精的研究和實驗，科學研究和化驗機構往往要設立"精子銀行"，把人類和動物的精液儲存起來，偶一失錯，後果嚴重。

加拿大多倫多市有位 28 歲少婦蓮達，因為生育器官有問題，婚後無法成孕，由醫生為她施行人工授精手術，果然夢熊有兆，誕下一個重 6 磅 12 安士的男嬰。

蓮達產後，感到慊慊欲睡，嬰兒被接生人員抱去，她未有機會看清楚兒子的面貌。

蓮達醒來時，發覺病房中女護士竊竊私語及人來人往的聲音頻密，有時更傳來小狗吠聲，這是產房中罕見的現象，原來她生下的竟是怪胎——一個"人身狗面"的嬰兒。

嬰兒全部似人，只有面部似狗，醫生追查蓮達授精經過，發現因實驗室人員錯將"人狗混合的精液"當作普通人類精子，擺放在"精液銀行"中，蓮達所接受的，正是人狗混合精液，這便是"狗面嬰"降生的原因。遺傳學家相信嬰兒的面孔，日後會愈來愈似人，加上外科整容手術，不難把"狗面"變"人面"。

（摘自 1993 年 1 月 22 日《天天日報》副刊版）

2. 你收到朋友以下的電郵，朋友義憤填膺，叫你以後也不要穿 Tommy Hilfiger 的產品，因為時裝設計師 Tommy Hilfiger 有嚴重的種族歧視，並且針對中國人。朋友傳來的電郵值得你相信嗎？

Sent: Saturday, January 26, 2002 1:55 AM

Subject: 別穿 Tommy Hilfiger，侮辱中國人的品牌

千萬不要買 Tommy Hilfiger 的產品（大立伊勢丹、漢神..... 均有設櫃）請大家告訴其他人，一起來抵制他的產品。一定要為中國人爭口氣，不要再買或用 Tommy Hilfiger 的產品了！

Oprah Winfrey（歐普拉）著名黑人脫口秀主持人在節目中訪問 Tommy Hilfiger，這位服裝設計師說出了一段極其種族主義的話。摘要如下：

他說如果他早知道這麼多中國佬及黑鬼買他的服裝，他就不必把它們做得這麼好！

主持人即時受不了而把他請出電視台！事後此名設計師在公開的場合向黑人道歉，但他卻怎樣也不肯向中國人道歉，在他說出這樣的話後，如果各位還買或穿他的產品，豈不是侮辱自己嗎？

請大家不但自己不買，還要把這件事告訴朋友，不要再讓這個種族歧視發展下去！

以上引述自居住於北美朋友傳來的訊息，並且呼籲各位，雖有部分白人的確是抱持種族平等的態度，但請各位務必適當地認清另一大部分。

第 4 章
對意見的批評

人 生活在社會上，無可避免會對很多事情抱有意見。這些意見之中，有些是人云亦云的，有些是個人的成見；有些是我們歡迎的，有些是我們難以接受的；有些是持之有故的，有些是武斷的。

在理性思考的範圍內，我們姑且不問一個意見怎樣來（是道聽塗説或是靈機一觸而來的），亦不問那一個意見是否我們歡迎的，只問那一個意見是否真確或是否有好的理由支持。在本章中，我們將討論一些批評意見的方法。

:: 熱身練習

試指出以下對"男人都是花心的"這個意見的批評是否恰當：

	恰當	不恰當
1."女人之中也有不少是花心的。"	☐	☐
2."男人不是花心，是極花心。"	☐	☐
3."有些男人並不花心。"	☐	☐

4.1 反例

如果一個意見是"一竹篙打一船人"的，我們可以舉出反例（counterexample）來推翻它。不少人有一句口頭禪："勉強是沒有幸福的。"我們可試想想：是不是凡是勉強都是沒有幸福的？有沒有例外的情況？有沒有一些情況下勉強能夠帶來幸福？若我們能舉出一些反例，則"凡勉強都是沒有幸福的"這一語句便不能成立。而事實上確有不少反例，例如家長勉強小孩子學琴，小孩子大了覺得慶幸，認為若小時家長不勉強他，他大了便不能彈得一手好琴。又例如校方規定學生要修讀通識教育課程，學生初時老大不願意，但修讀後可能又覺得趣味盎然，受用不淺。

總之，凡是全稱命題（universal proposition）都可以運用反例推翻。若人們有一個意見，其形式是"所有 A 都是 B"，我們只要找到一個 A 不是 B，便可以將之推翻。若人們有一個意見，其形式是"沒有 A 是 B"，我們則只要找到一個 A 是 B，就可以將之推翻。換言之，"有些 A 不是 B"可反駁"所有 A 是 B"；"有些 A 是 B"可反駁"沒有 A 是 B"。

但要注意的是，"有些不是 A 的也是 B"並不能反駁"所有 A 都是 B"。可惜在日常對話之中，人們往往有這類不着邊際的盲辯。請看以下一段對話：

> 如珠：男人都是花心的。
> 如寶：女人之中也有不少是花心的。

如寶的說話並不能針對如珠提出的意見作出批評。如珠說所有男人都是花心的，如寶卻說有些女人也是花心的，但縱使如此，並不表示如珠所說的有何不妥，所以如寶對如珠的批評是不對應的。若如寶要推翻如珠的意見，她可以指出："有些男人是不花心的"，例如東漢時的宋弘，光武帝要宋弘休妻，以便將公主嫁給他，宋弘堅拒，並且說了兩句傳誦千古的說話：

貧賤之交不可忘，糟糠之妻不下堂。

以上如珠對如寶的批評，與以下莫二毛對莫大毛的批評在結構上相同：

莫大毛：天下烏鴉一樣黑。
莫二毛：有些不是烏鴉的東西也是黑的。

不是烏鴉的東西是不是都是黑色的，並無關題旨。問題是：是否所有烏鴉都是黑色的。

請再看以下一例：

男：你會游泳嗎？
女：你看我的膚色這麼黑，就知道我是會游泳的了。
男：難道皮膚白就不會游嗎？戴安娜的皮膚不是很白嗎？她不是也會游泳嗎？

此處女方提出的意見並不是皮膚白的人不會游泳，而是皮膚黑的人都會游泳，男方不針對此點而指出有些黑皮膚的人亦不會游泳，卻指出皮膚不黑的人亦會游泳，與女方提出的意見並不相干，可謂盲辯。說黑皮膚的人會游泳，並不是說不是黑皮膚的就不會游泳。正如說"是父親的人都是男人"並不是說"不是父親的人都不是男人"；說"玫瑰都是有刺的"，並不是說"不是玫瑰都是沒有刺的"。

4.2 類比

批評的另一個方法，是以其人之道還治其人之身，指出根據對方的說法，我們亦可以說出一些同一結構而明顯不通的主張，從而證明對方提出的理由不充分。

曾有人勸我不要給錢乞丐，理由是："你能夠幫一個乞丐，不能夠幫兩個乞丐；縱使能夠幫兩個乞丐，亦不能夠盡幫所有乞丐。這樣，不如一個也不幫算了。"我對他說："你到飯堂吃飯，飯堂有很多飯，你能夠吃一碗，不能夠吃兩碗；縱使能夠吃兩碗，亦不能夠盡吃飯堂所有飯。這樣，不如一碗也不吃算了。"

當然，我的說話並不能夠證明我們應該給錢乞丐，只不過證明了我的朋友提出不給錢乞丐的理由不充分罷了。不能徹底做一件事，並不構成不盡力去做那件事的理由。正如郵船觸礁，數百人墜海，經過的輪船的船員或許不能盡救墜海的人，但這並不表示船員不應盡力搶救，相反，能救多少人便救多少人。問題的關鍵並不是一件事能否徹底完全，而是那件事是否應該做。如果那件事是應該做，盡力做得多少便算多少。

在八十年代《中英聯合聲明》公佈前的一段日子，不少港人擔憂香港會否歸還中國。有人提出這個意見："香港是中國領土，遲早都要歸還中國。遲又要還，早又要還，為甚麼不立即歸還呢？"當時立即有人駁斥他："你遲又要死，早又要死，為甚麼你不立即死呢？"

當然，反駁者並不能推翻香港應該歸還中國這個意見，但他確能藉着類比，指出論者所持的理由不充分（refutation by analogy）。遲早都要歸還並不構成應該立即歸還的理由。遲還和早還並不是沒有分別的，正如遲死和早死也並不是沒有分別 —— 分別就在於遲和早。

清朝的崔述曾説過這個故事：

一個書生到寺廟參拜，主持的和尚見他只是一介書生，不起來招呼他。及後有一位大官到臨，和尚立即起來，恭恭敬敬的招呼大官。書生於是諷刺和尚："大師是出家人，為甚麼竟然如此勢利？見了書生不起，見了大官卻起。"和尚卻説："施主太執着了，起是不起，不起是起。"書生見和尚狡辯，火光起來，拿起身邊一棒，迎頭便打。和尚邊逃邊喊："書生打人呀！"書生笑道："大師太執着了，打是不打，不打是打。"

以彼之道還施彼身

書生可説是用了類比的方法去反駁和尚。如果和尚的"X是非X，非X是X"的公式成立，則"打是不打，不打是打"亦可以成立。但打豈是不打？打和不打有很大的分別，打會痛，不打就不會痛，不會有因被打而導致的痛楚。由"打是不打，不打是打"一語句不能成立，可見"起是不起，不起是起"亦沒有理由。

4.3 歸謬

高手過招，並不一定需要堅決否定對方的意見。有時可以姑且假設對方的意見成立，再由此假定推出矛盾；對方的意見既導致矛盾，可見並不能成立，由此才推翻原先假定了對方的意見。這一批評方式，在數學及邏輯學中稱為"歸謬法"或"反證法"（拉丁文是"*Reductio ad Absurdum*"，意即英文的"reduction to absurdity"，簡稱"RAA"），在古文筆法中，則叫做"姑先予而後奪之"。

二千多年前的希臘數學家歐幾里得（Euclid，公元前 330- 前 275）曾用歸謬法推翻有一個最大質數（prime number）的猜想。我們可以先假定有最大的質數，姑且稱之為 N。我們可以將 N 與前面由 2 開始各數乘起來。2 × 3 × 4 × 5…… × N 得出一個數，再加上 1，這個得數稱之為 M。M 是不能被 2 除盡的（若用 2 除，可得 3 × 4 × 5…… × N，剩 1），亦不可以被 3 除盡（若用 3 除，可得 2 × 3 × 4 × 5…… × N，剩 1），亦不可以被 N 除盡（若用 N 除，可得 2 × 3 × 4 × 5…… × N－1，剩 1）。M 比 N 更大，亦是質數，故 N 並不可以是最大的質數。（Hofstadter, 1980: 58-59）

我們由假定 N 是最大的質數開始，卻得出有一個比 N 更大的質數的結論。前後矛盾，可見最初的假定不能成立。

梅達沃（Peter Medawar, 1915-1987）是一個對思考方法很感興趣的英國科學家，曾獲 1960 年諾貝爾醫學獎。有人問他做一個出色的科學家要具備甚麼資格，他提出一道難題，並說如果能即時解決此難題的人，智慧很高。他提出了以下難題：有一位西班牙畫家格雷科（El Greco, 1541-1614）畫的畫形狀很古怪，都是出奇地高高瘦瘦的。一位研究眼疾的學者認為格雷科之所以畫出這樣奇特的畫，是由於他的視力有問題。他看到的人都是高高瘦瘦的，他只是畫出他所看到的東西罷了。這位研究眼疾的學者的意見有可能是對的嗎？（Medawar, 1981: 9）

我們且假定格雷科的視力真的有問題，正如那位學者所說，他看到的人都是高高瘦瘦的，他於是畫在紙上，就畫了那些高高瘦瘦的人形圖畫。但他看到自己的畫時，他看到甚麼呢？他的畫本身是高高瘦瘦的，但他的視力有問題，他看到的畫豈非比他看到的人更高高瘦瘦？如此豈不是他畫的畫與他看到的人的形狀有出入嗎？我們由假定他看到的人與他所畫的人的形式一致，推出兩者不會一致，可見這個主張根本就不通。

但是，說到歷史上使用歸謬法最著名的例子，應算是意大利物理學家伽利略（Galilei Galileo, 1564-1642）的一個論證。當時的人們普遍相信，重的物件比輕的物件下降得快，甚至認為下降的速度與物件的重量成正比。即是說一斤重的物件比半斤重的物件下降的速度要快一倍。伽利略設計了一個論證，推翻了這一個流行的主張，而他所用的就是歸謬法。且先假定較重的物件真的比較輕的物件下降得較快，現在有一件半斤重的物件和一件一斤重的物件放在一起，這兩件扣在一起的物件相當於一件一斤半的物件，這兩件扣在一起的物件比起單一件一斤的物件下降得較快抑或較慢呢？

答案是較快。因為一件一斤和一件半斤的物件扣在一起，相當於一件一斤半的物件，按照較重物件下降得較快的假定，下降速度應該比單一件一斤重的物件快。

答案是較慢。因為按照重物下降較快的假定，一斤重的物件下降比半斤重的物件快，現在它們扣在一起，便拖慢了一斤重的物件的下降速度，所以兩件物件扣在一起的下降速度比單一件一斤重的物件的速度慢。（Popper, 1959: 442-443）

以上兩個相反的答案說明甚麼呢？重物下降的速度較輕物快這個主張導致矛盾的結論 —— 一件一斤重的物件與一件半斤重的物件扣在一起的時候，下降速度比單一件物件的下降速度更快並且更慢 —— 這是沒有可能的。由此可見重物下降速度較輕物快的主張不能成立。

4.4 揭發預設

在批評一個意見的時候，我們可以直指那個意見不合乎事實。但有不少時候，我們難以直指某個意見是否合乎事實，若我們能分析那個意見成立是基於某項預設，並指出該項預設並不成立，則可以反過來說明那個意見亦不成立。此種批評的方法我們稱為揭發預設（exposition of presupposition），在哲學討論中最為常用。

所謂"預設"，是指一個主張得以成立的先決條件。假如有人問："你現在是不是仍然有打你的妻子？"你會怎樣回答？如果你答"不是"，豈不等於說你以前有打過妻子，不過現在已經沒有打了？以上的問題預設了你有打過妻子，不過現在已經沒有打了？以上的問題預設了你有妻子，並且以前有打過她，無論你答"是"或

"不是"，你的答案都不妥當，因為兩者都是基於相同的預設。只要預設錯誤，兩個答案都是錯誤的。

　　試看以下的主張："珠珠星期天沒有和我去街，所以她一定是和其他人去街的。"這個推論預設了珠珠星期天一定會去街，並且一定會和別人一起去。然而，珠珠可以是根本沒有去街，亦可以是單獨去街，或只是和她的狗一起去。

　　奧地利物理學家兼哲學家馬赫（Ernst Mach, 1838-1916）指出牛頓力學預設了絕對時間、絕對空間的概念，而絕對時間和絕對空間的概念並無物理學意義。他對牛頓物理學的批判後來啟發了愛因斯坦，並導致相對論的出現。（Einstein, 1973: 279-283）

　　近百年來，道德哲學的發展可以視為一個發現及推翻預設的過程。英國哲學家穆爾（G. E. Moore）指出當時流行的功利主義（Utilitarianism）與基督教倫理（Christian ethics）表面上是對立的，一個是屬世的、追求快樂，另一個則基於宗教、強調克己。在討論道德標準時，好像不歸於楊，即歸墨，別無其他選擇。然而，我們並不需要從以上兩個主張中揀選一個，因為兩個主張有一個共同的預設，只要這個共同的預設錯誤，則兩個主張都是錯誤的。功利主義和基督教倫理都預設了道德的概念（例如："應該"、"不應該"、"好"、"壞"），可以用非道德的概念（例如："快樂"、"神的意旨"）來解釋，例如說"好即是快樂"、"應該即是合乎神的意旨"，皆屬於自然主義（Naturalism）。然而，道德的概念並不可以純粹用非道德的概念解釋，故以上兩個理論皆不對。（Moore, 1903）

　　穆爾於自然主義之外，另樹立非自然主義（Non-naturalism）一幟，兩相對立。前者主張道德概念可以用非道德概念解釋，後者則認為道德概念並不可以用非道德概念解釋。稍後在英國哲學界有史蒂文生(C. L. Stevenson)、赫爾(R. M. Hare)等人,他們指出,我們亦無需從自然主義與非自然主義兩者中作出抉擇,因為兩方面都預設了描述主義(Descriptivism),都以為道德判斷的功能在於描述。然而,道德判斷的基本功能並不在於描述。説"小平很矮",是對小平的一種描述;但是説"小平很好",則不單是描述小平,而且是表示説話的人對小平的一種態度。穆爾認為,道德詞語既然不是描述自然屬性(natural property)的,便是描述非自然屬性的了。這個想法是錯的,因為它錯誤地預設了道德詞語的基本功能在於描述。(Warnock, 1967)

摘要

本章介紹批評意見的四種方法：

- 反例（counterexample）

  如果意見是全稱命題，可以舉出反例以反駁之。對於"所有 A 都是 B"的意見，可以指出"有些 A 不是 B"來反駁：對於"沒有 A 是 B"的意見，則可以指出"有些 A 是 B"來反駁。

- 類比（refutation by analogy）

  舉出一些與對方的意見同一結構而明顯不通的主張，從而證明對方提出的理由不充分。

- 歸謬（reduction to absurdity）

  先假設對方的意見成立，再由此假定推出矛盾，進而指出，對方的意見既導致矛盾，可見並不能成立。

- 揭發預設（exposition of presupposition）

  指出一個意見背後有某項預設，該項預設不成立，所以那個意見亦不成立。

:: 練習題

試批評以下的意見：

1. “有女人的地方就有是非。”
2. “李白不是漢人，而是胡人。因為李白會說胡語。”
3. “只有少女才喜歡讀瓊瑤的小說。”
4. “人死後不在人間，所以一定是在其他地方了。”

評論以下的對話：

5. 比利：“巴西隊不應採取這樣的戰術。”
   巴西隊教練：“如果你真是這樣棒的，你自己下場踢吧。”
6. 甲：“廉宜的東西都不好。”
   乙：“貴價的東西亦不見得好，例如有寶牌電視，貴得驚人，但實在不好。”

第 5 章
推理

解決問題往往要藉着推理，學習一些推理方法有助提高解決問題的能力。本章介紹兩種解決推理謎題的方法。

5.1 甚麼是推理？

推理（inference）即是由已知推出未知的過程。假設我們獲提供兩項資料：

（1）甲大於乙

（2）乙大於丙

我們可憑推理得出第三項資料：

（3）甲大於丙

第三項資料其實已包含在頭兩項資料之中，只不過沒有被明言罷了。這種由已被明言的資料推出已被意味但未被明言的資料的過程，就是推理。

有一個例子很能説明推理到底是怎麼一回事。某教會蒙一個富翁捐獻一大筆金錢，指定由某神父代表接受。在接受儀式上富翁遲遲未到，神父唯有發表談話打發時間。他談到神父生涯中遇到的苦樂，其中提到他第一次聆聽告解的時候，剛好遇上一個殺人兇手，向他懺悔，神父當時不知如何處理。稍後富翁趕到，在致詞時指出他與神父是認識的，多年前曾向神父告解，神父並且告訴富翁他是第一個向自己告解的人。富翁此言一出，舉座譁然。（以上故事改編自 **Ewing**, 1951: 28-29）

1. 神父代表教會接受富翁的捐獻。

2. 接受儀式上,神父發表談話打發時間。

3. 神父談到第一個向他告解的人是殺人兇手。

4. 富翁趕到,順口說出他是第一個向神父告解的人。

由已知推出未知

　　到底人們為甚麼如此哄動呢?自然是因為他們知道富翁原來曾是一個殺人兇手。但他們如何知道呢?只有神父和富翁曾開腔,但神父沒有說，富翁亦沒有說，究竟"富翁是殺人兇手"是誰洩露的呢？

神父說了：

（1）第一個向神父告解的人是殺人兇手：

富翁隨後說了：

（2）富翁是第一個向神父告解的人：

由以上兩項資料，我們可以得出以下的一項資料：

（3）富翁是殺人兇手。

我們基於神父和富翁的說話而得出"富翁是殺人兇手"的結論，所憑藉的就是推理。

以上的例子說明了藉着推理我們可以獲知沒有被明言的資料。

5.2 推理謎題

對於推理的研究乃屬於邏輯學的範圍。現代邏輯學的內容十分豐富，自成一個獨立學科，以下我們的討論只限於推理的其中一種應用 —— 解決謎題，我們將介紹兩種方法 —— 消減法及矩陣法。

平常我們遇到的推理謎題，不少都可以用消減法或矩陣法來解決。學習一些推理的方法有助提高我們的推理能力。以下的一些謎題，如果沒有掌握任何方法，並不容易解答，縱使想到了亦很難清楚地向別人表達。但若掌握了特定的方法，解決這類問題可謂輕而易舉，並且百發百中，向別人解釋時亦能清晰而有條理。

例 1

假設有五頂帽，其中三頂黑、兩頂白。現將其中三頂分給三人戴。該三人面向牆，排成一直線。每人只看見前面的人（如果有的話）所戴的帽的顏色，卻看不到自己所戴的帽的顏色。我們先問最後一人知不知他所戴的帽的顏色，他回答說"不知道"，再問中間一人，他亦答"不知道"。這時，排在最前的一人竟然說："我知道"。到底排在最前的一人的帽是甚麼顏色，他又怎麼知道呢？

例 2

期考將至，同學向老師問考試貼士。老師閃爍其詞：

（1）"洋務運動"與"百日維新"兩題中必出一題，但不會兩題都出。

（2）"百日維新"與"甲午戰爭"兩題要麼都出，要麼都不出。

（3）如果不出"洋務運動"的話，亦不會出"甲午戰爭"。

一些學生以為老師在說廢話，說了等於沒說。但其中一些聰明的學生卻成功推斷了哪一題肯定會出，哪一題肯定不會出。問：到底哪一題會出，哪一題不會出？

例 3

張三、李四、王五分別擔任三種不同的行業。其中有工程師、醫生、律師。律師是獨子，在三人中賺錢最少。
王五是李四的妹夫，賺的錢比醫生多。問：三人分別做甚
麼職業？

例 4

　　有三個袋，每個袋各裝了兩個球，分別是兩白、一白
一紅，及兩紅。袋的外面貼有球色的標籤，但全部都貼
錯。你能否只從其中一個袋取出一個球，就判斷出各個袋
裏裝着的球是甚麼顏色的呢？

5.3　消減法

　　第一及第二例題可以用消減法（method of elimination）來解
決。

　　消減法是由英國邏輯學家耶芳斯（Jevons, 1835-1882）第一
個正式提出的（內井惣七，1988: 40），其步驟如下：

（1）先列出未有資料時的各種可能性。
（2）根據所得的資料，將不可能者逐一排除。
（3）餘下的可能性就是答案。

　　我們先看例一。我們且將三人順序稱為甲、乙、丙。如果甲、
乙的帽都是白色的，丙當然會知道自己的帽是黑色的。因為只有兩

頂白色的帽，都已戴在甲、乙的頭上了。所以甲、乙兩人所戴的帽，可能兩頂都是黑色的，亦可能一黑一白，但沒有可能兩頂都是白色的。

原先沒有任何資料的時候，甲、乙所戴的帽的顏色有四種可能性：

	甲	乙
1	黑	黑
2	黑	白
3	白	黑
4	白	白

丙既然說不知道自己所戴的帽的顏色，即甲、乙所戴的不可能都是白色的帽，因此我們可以消去表上的第四個可能性：

	甲	乙	
1	黑	黑	
2	黑	白	
3	白	黑	
4	白	白	×

然而，乙亦說不知道自己所戴的帽是甚麼顏色。如果甲的帽是白色的，乙可以推知自己的帽是黑色的，因甲、乙戴的帽都是白色的可能性已被指出是不存在的。因此我們亦可消去表上的第三個可能性：

	甲	乙	
1	黑	黑	
2	黑	白	
3	白	黑	×
4	白	白	×

消去三、四兩個可能性後，只餘下（1）、（2）兩個可能性。乙的帽可能是黑，可能是白，但無論乙的帽是黑是白，可以斷定甲的帽一定是黑的。

例二亦可以很輕易地用消減法解決。"洋務運動"、"百日維新"、"甲午戰爭"三題每一題都可能出亦可能不出。全部共有八個可能性。

如果有 n 個變項（variable），各種不同的可能性組合便有 2n 個。如何才能把各種不同的可能性組合沒有遺漏地列出來呢？當有 n 個變項時，全表有 2n 行。若有 n + 1 個變項時，只要把各行多抄一次，上面配以 T（真）值，下面配以 F（假）值便可。

當 n 是 1 時，可能性只有兩個。表列如下：

T
F

當 n 是 2 時，只要把各行多抄一次：

T
F
T
F

上半部分配上 T 值，下半部分配以 F 值：

```
T    T
T    F
F    T
F    F
```

如此各個可能性的組合便齊全了。若 n 是 3 時，我們可再把各行多抄一次：

```
T    T
T    F
F    T
F    F
T    T
T    F
F    T
F    F
```

上半部分配上 T 值，下半部分配以 F 值：

```
T    T    T
T    T    F
T    F    T
T    F    F
F    T    T
F    T    F
F    F    T
F    F    F
```

用這種方法，使用者不必對二進制有任何認識，就能把各個不同的可能性組合表列無遺了。這種方法在蒯因（W. V. O. Quine）一書中（Quine, 1980）被提到。我把這種方法戲稱為"兩儀生四象，四象生八卦"。

我們且以"+"代表"會出"，"-"代表"不會出"。

	洋	百	甲
1	+	+	+
2	+	+	-
3	+	-	+
4	+	-	-
5	-	+	+
6	-	+	-
7	-	-	+
8	-	-	-

根據老師的三句說話，我們可將可能性逐漸減少。老師說"洋務運動"與"百日維新"兩題中必出一題，但不會兩題都出，因此 1、2、7、8 四個組合都是不可能的，可以被消去。表內"根據（1）"的字眼是指消去該個可能性是基於第一項資料。

	洋	百	甲	
1	+	+	+	× 根據（1）
2	+	+	-	× 根據（1）
3	+	-	+	
4	+	-	-	

5	−	＋	＋	
6	−	＋	−	
7	−	−	＋	× 根據（1）
8	−	−	−	× 根據（1）

根據老師的第二句説話，"百日維新"與"甲午戰爭"或是都會出，或是都不會出。也就是説不會只出一題而不出另一題。因此，我們可再消去 3、6 兩個可能性。

	洋	百	甲	
1	＋	＋	＋	× 根據（1）
2	＋	＋	−	× 根據（1）
3	＋	−	＋	× 根據（2）
4	＋	−	−	
5	−	＋	＋	
6	−	＋	−	× 根據（2）
7	−	−	＋	× 根據（1）
8	−	−	−	× 根據（1）

最後，老師又説，如果不出"洋務運動"，亦不會出"甲午戰爭"。因此，第 5 個可能性亦可被消去。

	洋	百	甲	
1	＋	＋	＋	× 根據（1）
2	＋	＋	−	× 根據（1）
3	＋	−	＋	× 根據（2）
4	＋	−	−	

5	−	＋	＋	× 根據（3）
6	−	＋	−	× 根據（2）
7	−	−	＋	× 根據（1）
8	−	−	−	× 根據（1）

　　根據老師的三句提示，八個可能性的其中七個可以被消去，只餘下第四個可能性。正如大偵探福爾摩斯對助手華生說：“當你把不可能的消去，餘下的便是答案了。”餘下的唯一可能性，就是會出“洋務運動”，其他兩題都不會出。這就是答案。

　　以下再多舉一例。在迎新營中，風、花、雪、月四個女孩子同房。夜半，月在夢中被驚醒，只聞鼾聲如雷、氣憤難平，然而無暇細究，遂蒙頭大睡。翌日，從可靠來源探得：

（1）風和雪要麼都有鼻鼾，要麼都沒有鼻鼾。

（2）風和花二人不會都有鼻鼾。

（3）如果雪沒有鼻鼾，則風有鼻鼾。

　　風、花、雪三人，每個人都可能有鼻鼾，亦可能沒有鼻鼾，故合共有八種可能性：

	風	花	雪
1	有	有	有
2	有	有	無
3	有	無	有
4	有	無	無
5	無	有	有

6	無	有	無
7	無	無	有
8	無	無	無

根據第一項資料，風和雪或同時有，或同時沒有鼻鼾，不可能其中一人有而另一人沒有，因此可以消去 2、4、5、7 共四個可能性。

	風	花	雪	
1	有	有	有	
2	有	有	無	✗ 根據（1）
3	有	無	有	
4	有	無	無	✗ 根據（1）
5	無	有	有	✗ 根據（1）
6	無	有	無	
7	無	無	有	✗ 根據（1）
8	無	無	無	

根據第二項資料，風和花二人不會都有鼻鼾，可再消去第一個可能性。根據第三項資料，如果雪沒有鼻鼾，則風有鼻鼾，即是説不可能雪和風都沒有鼻鼾，因此我們可再消去 6、8 兩個可能性。

	風	花	雪	
1	有	有	有	✗ 根據（2）
2	有	有	有	✗ 根據（1）
3	有	無	有	
4	有	無	無	✗ 根據（1）

5	無	有	有	× 根據（1）
6	無	有	無	× 根據（3）
7	無	無	有	× 根據（1）
8	無	無	無	× 根據（3）

在根據各項資料消去各種不可能的情況後，餘下的情況便是答案。在本題中，我們可推知風和雪有鼻鼾，而花則沒有。

:: 練習題

1. 【聯羣結黨】

銀行發生劫案、涉嫌者有朱、牛、羊三人，歹徒必在此三人之中。現已查得：

（1）朱不會單獨下手。

（2）羊作案時，必會找牛幫手。

（3）如果朱不幹，羊亦不幹。

（4）朱、羊二人，最少一人有份。

問：朱、牛、羊三人之中，誰人是劫案歹徒？

2. 【招聘職員】

某大公司招聘高級職員，進入最後階段的有三人：陳、李、張。在董事局會議中，各董事提出了不同的意見，終於同意了以下四項原則：

（1）如果陳不入選，李亦不入選。

（2）李和張最少有一人入選。

（3）陳和張不會都入選。

（4）陳和李最少有一人入選。

問：按照董事局定下的原則，誰人會入選呢？

3.【無罪推定】

一件案件涉及三個可疑者：江、河、海。根據下列事實，推出三人之中誰有罪誰沒有罪。

（1）江或者河有罪。

（2）如果江有罪，海亦有罪。

（3）如果海無罪，江就有罪。

4.【金庫盜寶】

珠寶店店主報案，金庫中的鑽石"埃及之星"被盜。他給了以下的證供：

（1）知道這個金庫開啟方法的只有店員牛、馬、楊三人，也就是他們三人之中至少有一人是盜寶者。

（2）如果牛是罪犯，馬和楊中間還有一個（但不會是多於一個）是同謀者。

（3）如果馬不是罪犯，楊也不是罪犯。

（4）如果楊不是罪犯，馬也不是罪犯。

問：按照店主的證供，誰人是盜寶者？

5.【各執一詞】

在一宗訴訟案中，涉及福、祿、壽三人。檢察官舉出有力證據證明："三人中至少兩人是有罪的；如果福和祿有罪，壽亦有罪；如果祿和壽有罪，福亦有罪。"辯護律師亦振振有詞地指出："三人中至少一人無罪；如果福、祿無罪，壽亦無罪；如果祿、壽無罪，福亦無罪。"

檢察官和辯護律師的主張有矛盾嗎？如果雙方的主張都成立，法官應如何判決？

6. 【貪污舞弊】

甲、乙、丙、丁四人是貪污案件中的懷疑對象。現已得知：

（1）丁以外的三個人中至少有一個確實有罪。

（2）丁要是有罪，乙、丙中至少有一個是無罪的。

（3）如果乙或丙有罪，甲亦有罪。

（4）四個人中如果有兩個或以上的人有罪，丁就是其中之一。

問：

（1）誰確實有罪？

（2）如果乙和丙二人要麼都有罪，要麼都沒有罪，能夠得出甚麼結論？

7. 【智斷偽鈔】

銀行職員宋、齊、梁、陳四人參加分辨偽鈔的訓練課程，訓練主任叫他們檢驗三張千元大鈔。

宋說："第一張是真鈔；第三張是偽鈔。"

齊說："第二張和第三張都是偽鈔。"

梁說："第一張是真的；第二和第三張之中一真一假。"

訓練主任很生氣地說："每人都只說對一半。成功率相當於亂撞！"

陳在一旁閉目養神，沒有看過鈔票一眼，也不動一下眼皮，就即時把正確的答案全説出來了。你亦能做得到嗎？

8. 【齊齊捐血】

有人勸洪、藍、陸、呂四人捐血。

洪説：“如果藍捐血的話，我也捐。”

藍説：“如果陸不捐，我也不捐。”

陸説：“我緊跟呂的做法。”

呂説：“如果洪去我就不去；如果洪不去我就去。”

假如他們四人都言出必行，四人之中誰會去、誰不會去捐血呢？

5.4 矩陣法

如果我們要解決的問題中所涉及的事物，每件只有兩個可能性，我們可以用上面所介紹的消減法。但如果可能性不只兩個，用下面我們要談到的矩陣法則更為簡便。

5.2 部分例題 3 的一類問題，可以輕易地用矩陣法來解決：張三、李四、王五分別擔任三種不同的行業，其中有工程師、醫生、律師。律師是獨子，在三人中賺錢最少。王五是李四的妹夫，賺的錢比醫生多。問：三人分別做甚麼職業？

題目涉及的共有三人，每人會做三種職業的其中一種。我們可以劃一 3 × 3 的矩陣（matrix），無論答案是甚麼，在此矩陣中都可以得到恰當的表達。

	張三	李四	王五
工程師			
醫生			
律師			

在每一格中我們可畫上一個"✓"或一個"✗"。假如我們在左面最上一格畫一個"✓"，這表示張三是工程師。假如我們在左面最下一格畫一個"✗"，則表示張三不是律師。

	張三	李四	王五
工程師	✓		
醫生			
律師	✗		

劃好了矩陣之後，我們可以根據題目所提供的資料逐步排除不可能的情況。首先，我們知道：

（1）王五賺的錢比醫生多，律師賺的錢最少，因此王五既不是醫生亦不是律師。

我們可據此消去王五是醫生及王五是律師這兩個可能性。並在旁寫上"（1）"，表示我們是根據（1）的推理消去這兩個可能性。寫上推理的步驟是讓別人能夠明我們的推理過程。

	張三	李四	王五
工程師			
醫生			✗(1)
律師			✗(1)

根據題目所提供的資料，我們可繼續以下的推理：

（2）王五不是醫生亦不是律師，因此王五是工程師。

（3）王五是工程師，因此張三和李四都不是工程師。

（4）李四有妹妹、律師是獨子，因此李四不是律師。

（5）李四不是工程師，亦不是律師，因此李四是醫生。

（6）李四是醫生，所以張三不是醫生。

（7）張三不是工程師，亦不是醫生，因此張三是律師。

	張三	李四	王五
工程師	✗(3)	✗(3)	✓(2)
醫生	✗(6)	✓(5)	✗(1)
律師	✓(7)	✗(4)	✗(1)

利用矩陣法，我們可以輕易獲得這個謎題的答案：張三是律師；李四是醫生；王五是工程師。

例題4亦同樣可以用矩陣的形式來求出答案，及向其他人解釋理據。題目說：有三個袋，每個袋各裝了兩個球，分別是兩白、一白一紅，及兩紅。袋的外面貼有球的顏色的標籤，但全部都貼錯。你能否從其中一個袋裏取出一個球，便可以判斷各個袋裏裝着的球是甚麼顏色的呢？

三個袋實際裝的球與三個袋的標籤的關係，不出下列九種：

實際情況

標籤		白白	白紅	紅紅
	白白			
	白紅			
	紅紅			

根據題目我們可作出以下推理：

（1）標籤全部錯誤，所以標籤是"白白"的袋，裝的球不可能是白白；標籤是"紅白"的袋，裝的球不可能是紅白；標籤是"紅紅"的袋，裝的球不可能是紅紅。

實際情況

標籤		白白	白紅	紅紅
	白白	✗(1)		
	白紅		✗(1)	
	紅紅			✗(1)

若我們由標籤是"白白"的袋取球，僥倖抽到的是白球，我們便可推知實際裝着的是白球和紅球。但假如抽到的是紅球，我們便不能決定袋裏裝着的是白球和紅球抑或是雙紅球。若我們由標籤是"紅紅"的袋取球，亦會有類似的困難。但假如我們到標籤是白紅的袋取球，問題便會迎刃而解了。

如果從標籤是"白紅"的袋取出的球是白色的話,我們可作以下推理:

　　(2) 如果從標籤是"白紅"的袋中抽出一個白色的球,此袋所裝的球必不是紅紅。

　　(3) 標籤是"白紅"的袋裝的球不可能是白紅,亦不可能是紅紅,因此必是白白無疑。

　　(4) 裝兩個白球的,是標籤"白紅"的袋,因此標籤"紅紅"的袋內,裝的並不是兩個白球。

　　(5) 標籤是"紅紅"的袋,裝的球不可能是白白,亦不可能是紅紅,因此必是白紅無疑。

　　(6) 裝白紅球各一的,是標籤"紅紅"的袋,因此標籤"白白"的袋內,裝的並不是白紅球各一。

　　(7) 標籤是"白白"的袋,裝的球不可能是白白,亦不可能是白紅,因此必是紅紅無疑。

實際情況

		白白	白紅	紅紅
標籤	白白	✗(1)	✗(6)	✓(7)
	白紅	✓(3)	✗(1)	✗(2)
	紅紅	✗(4)	✓(5)	✗(1)

　　從標籤是"白紅"的袋取出一球,如果是白的話,我們可以推知:標籤"白白"的袋裝的球是紅紅;標籤"白紅"的袋裝的球是白白;標籤"紅紅"的袋裝的球是白紅。

如果從標籤是"白紅"的袋取出的球是紅色的話，運用類似上面的推理，我們可以推知：標籤"白白"的袋裝的球是白紅；標籤"白紅"的袋裝的球是紅紅；標籤"紅紅"的袋裝的球是白白。

　　上面我們介紹了消減法和矩陣法，這兩種方法對解決一些需要利用推理來解決的問題很有幫助。由上面所舉的例子我們可以看出，推理是很奇妙的。由於人有推理的能力，所以人不單止可以經一事、長一智，更能聞一知二，以至聞一知十。

摘要

- 推理即是由已知推出未知的過程。一些沒有被明言的資料可以通過推理而獲得。

- 要準確兼有效率地推出已被意味但未被明言的資料，有賴於掌握正確的推理方法。本章主要以推理謎題為例，介紹兩種應用較廣的推理方法 —— 消減法與矩陣法。

- 消減法的步驟如下：

  （1）先列出未有資料時的各種可能性。

  （2）根據所得的資料，將不可能者逐一排除。

  （3）餘下的可能性就是答案。

- 如果我們要解決的問題中所涉及的事物，每件的可能性都超過兩個，用矩陣法會更為簡便。步驟如下：

  （1）假設我們要處理的項目有 m 個。每個項目有 n 個可能性，可先畫一個 m × n 格的矩陣。

  （2）根據所給的資料，如某格所表示的關係不可能存在，可在該格畫上一個 "✗" 號。

  （3）將不可能者排除後，餘下的便是唯一可能的關係。

- 要將複雜的推理變為簡明，有賴於將推理分為較小的步驟。較小的步驟較易令人明白，亦較易除錯。

:: 練習題

9.【與誰共舞】

舞會上有三對年輕男女，三位女士分別穿上紅色、綠色、藍色的衣服。三位男士亦分別穿上這三種顏色的衣服。這三對男女在跳舞的時候，穿紅色衣服的男士跳近穿綠色衣服的女士身邊對她說："這不是很有趣嗎？我們當中沒有哪個人是與同色衣服的舞伴跳舞的。"問：三位女士的舞伴分別是穿甚麼顏色衣服的男士？

10.【四千金】

四千金如珠、如寶、如花、如霧，在一個晚上都留在閨房中。四人中有人在修指甲，有人在做頭髮，有人在化妝，有人在看書。現已知：如珠在修指甲或化妝；如寶在做頭髮或化妝；如花既不在看書亦不在做頭髮；如珠或如寶在化妝。問：四千金各在做些甚麼？

11.【四藝人】

趙、錢、孫、李四人之中有舞蹈家、歌星、作家、畫家。

（i）趙、孫都聽過歌星的演唱會。

（ii）畫家為錢和作家繪過寫生人像。

（iii）作家為李寫了傳記，十分暢銷，現正準備為趙寫另一本傳記。

（iv）趙從來沒有聽過孫這個人。

問：究竟他們各人做甚麼職業？

12.【四金屬】

四塊金屬,分別是鐵、銅、錫、鎢,現已知:

（i）第一塊是鐵或鎢。

（ii）第二塊不是銅;第三塊不是錫。

（iii）第四塊是錫或鎢。

（iv）第三或第四塊是鎢。

　問:四塊金屬各是甚麼?

第 6 章
演繹論證

論證主要有兩大類：演繹論證和歸納論證。推理正確的演繹論證，前提真則結論必真；推理正確的歸納論證，前提真並不保證結論必真，但前提真構成好的理由令人們接受結論為真。本章先討論演繹論證。

:: 熱身練習

試指出以下的論證在推理上是否正確：

	正確	不正確
1. 如果死者是被燒死的，他的呼吸系內會有煙燻過的痕跡。然而，死者的呼吸系統內沒有煙燻過的痕跡。因此，死者不是被火燒死的。	□	□
2. 如果有鯊魚鰭露出水面，即附近有鯊魚。現在不見有鯊魚鰭露出水面，因此附近沒有鯊魚。	□	□

6.1 推理正確與推理不正確的論證

一個論證（argument）是由前提（premises）和結論（conclusion）兩部分組成。前提和結論都是命題（proposition），都有真假可言。前提即支持結論的理由。

如果結論可由前提推出，也就是說：假如前提為真，結論不可能不真，則論證在推理上是正確的（valid）。以下稱這些論證為推理正確的論證（valid arguments）。

試考慮以下的例子：

> 莫二毛面目可憎。
> ──────────────
> 因此，莫二毛是賊。

以上是一個論證，"莫二毛面目可憎"是前提，"莫二毛是賊"是結論。但此論證在推理上是不正確的（invalid）。莫二毛可能真的面目可憎，莫二毛亦可能真的是賊，但莫二毛縱使是面目可憎，亦不表示莫二毛是賊。若我們只根據莫二毛面目可憎，就斷定莫二毛是賊，在推理上就是不正確的。此論證中，縱使前提為真，結論亦可能不真，故在推理上是不正確的。

以下的例子就不同了：

> 第一個向神父告解的人是殺人兇手。
> 富翁是第一個向神父告解的人。
> ──────────────
> 因此，富翁是殺人兇手。

以上的一個論證有兩個前提，如果所有的前提皆為真，則結論必真。前提當然有可能是假的，但前提真而結論假是不可能的，所以論證在推理上是正確的。

說推理正確的論證（valid argument）其前提為真則結論必真，推理不正確的論證（invalid argument）可以有真前提假結論，意思並不是說前者都是有真前提真結論，後者都是有真前提假結論。推理不正確的論證亦可以有真前提真結論，例如：

> 太陽系之內有流星。
> 香港有蝴蝶。
> _____
> 因此，西門吹雪用的武器是劍。

以上的論證其前提和結論都是真的，但論證在推理上是不正確的，結論並不能由前提推得，縱使前提為真，結論亦有可能是假的，結論是真的只是巧合。

推理正確的論證亦可能有假前提假結論，例如：

> 所有狗都是豬。
> 所有豬都會飛。
> _____
> 因此，所有狗都會飛。

此論證的前提、結論都是假的，但在推理上是正確的。如果所有狗都是豬，所有豬都會飛，則結論"所有狗都會飛"肯定是對的。

推理正確的論證亦可能有假前提真結論，例如：

> 所有鴨都是豬。
> 所有豬都有翼。
> _____
> 因此，所有鴨都有翼。

推理正確的論證可以有真前提真結論，亦可以有假前提假結論，或是假前提真結論，唯一不可能的是有真前提假結論。推理不正確的論證可以是胡亂推論的，於是任何組合都是可能的；可以有真前提真結論，亦可以有真前提假結論，可以有假前提真結論，亦可以有真前提假結論。

有人可能會問，既然推理正確的論證可能有假結論，推理不正確的論證亦有可能有真結論，那我們為甚麼取推理正確的論證而不取推理不正確的論證？推理正確究竟有甚麼用呢？

我們提出一個論證，用意就是要說服他人。一個推理正確的論證其前提為真則結論必真。若我提出一個推理正確的論證，別人要麼不接受我們的前提，要麼就一併接受我們的結論。只接受前提而不接受結論是不可能的。論證的前提本身就構成足夠的理由要對方接受我們的結論。但若我們提出的是推理不正確的論證就不同了。我們的論證的前提並不構成別人接受結論的理由，別人可以接受我們的前提而不接受我們的結論，因此我們的論證變得完全沒有說服力，不能達到我們提出論證的原意。

6.2　如言推理

如言（conditional statement，或譯作"假言"或"條件述句"）即是有條件的斷言。所謂 "言"，指的是命題 —— 一句有真假可言的句子。說 "天涯明月刀"、"熱是物質在它的無形性及液化性之中的自我復元"、"這個那個" 一類的說話最多只算是發音或發詞，並不算是發言。

一個如言有前後兩個分句，前一分句稱為前件（antecedent），後一分句稱為後件（consequent）。後件是在前件是真的條件下被肯定為真的。以下的一個故事可以幫助我們了解如言的含義：曾有幼稚員教師教小朋友學減數。她問小朋友們："如果你有四個蘋果，吃了三個，還餘下多少個？"第一個小朋友答道："先生，我並沒有四個蘋果。"第二個小朋友搶着說："我吃不下三個蘋果呀！"其實說"如果你有四個蘋果吃了三個，餘下的有一個。"，意思並不是你有四個蘋果並且吃了三個，而是在你有四個蘋果而吃了三個的情況下，你會餘下一個蘋果。

有條件的斷言

以如言為前提之一，並以如言的前件或後件為另一前提的推理，稱為"如言推理"。如言推論有四種最基本的格式：

（1）肯定前件如言推理（*Modus Ponendo Ponens*，簡稱 MPP）
格式：

> 如果 P 則 Q
>
> P
> _____
> 因此，Q

例子：

> 如果子彈擊中的是脊椎，他會終身殘廢。
>
> 子彈擊中的正是脊椎。
> _____
> 因此，他會終身殘廢。

（2）否定後件如言推理（*Modus Tollendo Tollens*，簡稱 MTT）
格式：

> 如果 P 則 Q
>
> 不是 Q
> _____
> 因此，不是 P

例子：

> 如果下了糖，匙羹會濕。
>
> 匙羹沒有濕。
> _____
> 因此，沒有下糖。

（3）肯定後件謬誤（*fallacy of affirming the consequent*）
格式：

如果 P 則 Q

Q
_____
因此，P

例子：

如果藥物有效力，病人服食了藥物之後病情會好轉。

病人服食了藥物之後病情好轉。
_____
因此，藥物確有效。

（4）否定前件謬誤（fallacy of denying the antecedent）

格式：

如果 P 則 Q

不是 P
_____
因此，不是 Q

例子：

如果你有錢，你可以移民。

你沒有錢。
_____
因此，你不可以移民。

（1）、（2）兩種格式的論證在推理上是正確的。（3）、（4）兩種格式的論證在推理上都是不正確的。

先看（1）的例子。假定某人在劫案現場被流彈擊中，送到醫院後你向醫生詢問他的病情，醫生說："如果子彈擊中的是脊椎，他會終身殘廢。"醫生在手術室忙碌一輪之後出來再向你說："子彈擊中的正是脊椎。"你由此推論："他會終身殘廢。"如果醫生向你說的話沒有錯，則你的結論必定亦沒有錯。如果前提為真，則結論亦必真。

　　再看（2）的例子。你到餐廳，要了一杯咖啡。和友人談得興高采烈，忘了是否下了糖。你於是想："如果下了糖，匙羹會濕。"你再檢起匙羹，發現："匙羹沒有濕。"你於是推論："沒有下糖。"有沒有可能下了糖而匙羹沒有濕呢？當然有可能，例如你放了糖在杯裏，但沒有用匙羹攪過咖啡，這樣匙羹自然就沒有濕了。但如果有以上的情況，則前提中"如果下了糖，匙羹會濕"一語根本不成立。如果前提都是真的，則結論亦必是真的。所以論證在推理上是正確的。

　　具有（3）這個的形式的論證在推理上都是不正確的。假定第一個前提是真的：如果藥物有效力，病人服食了藥物之後病情會好轉。而事實上，病人服食了藥物之後病情好轉。我們是否可以因此斷言："藥物有效力"？如果藥物有效力，病人服食了藥物之後病情會好轉，但服食了藥物之後病情好轉卻不表示藥物有效力。病人可能只是身體的內部免疫系統戰勝病菌，亦可能是心理因素促使病情好轉。前提縱使是真的，結論亦可能是假的。因此，論證在推理上是不正確的。此類推理不正確的論證因為肯定後件而肯定前件，故被稱為"肯定後件謬誤"。

　　第（4）類形式的論證因為否定前件而否定後件。在我們的例子中，縱使兩個前提都是真的，即真的是"如果你有錢，你可以移民"，並且事實上你沒有錢。但由此而得出"你不可以移民"的結論卻不一定是正確的。因為你雖然不可以投資移民，但或許可以技術移民，前提真而結論假的是可能的，因此論證在推理上是不正確的。此類謬誤的論證因為否定前件而否定後件，故被稱為"否定前件謬誤"。

6.3 聯言推理

聯言（conjunctive statement，或譯作"合取述句"）包括兩個或以上的分句，各分句同時被肯定是真的。例如："莫大毛年輕有為"是一聯言，包含了兩個分句："莫大毛年輕"和"莫大毛有為"。只有在兩個分句都是真的情況下，整個聯言才是真的。如果莫大毛年輕而不有為，或有為而不年輕，或既不年輕又不有為，則"莫大毛年輕有為"這一聯言不能成立。

聯言推理是在前提或結論內包含了聯言的推理。聯言推理基本上有兩個格式：合成式和分解式。

（1）合成式

格式：

P

Q
_____

因此，P而且 Q

例子：

光具有粒子性。

光具有波性。
_____

因此，光既具粒子性，又具波性。

（2）分解式

格式：

P而且 Q
_____

因此，P

例子：

> 屠呦呦既無海外留學經歷，亦無院士頭銜。

> 因此，屠呦呦無海外留學經歷。

如果兩句話分開來說時是正確的，則合起來說亦是正確的。如果兩句話合起來說時是正確的，則分開來說亦是正確的。雖然，有時我們若將兩句話分開來說可能會誤導他人，但誤導他人只是令他人聯想到一些不正確的想法，說話的本身並沒有錯。例如莫二毛左腳健全，右腳亦健全。我們由此而說莫二毛右腳健全，固然是正確的，但別人若只聽到"莫二毛右腳健全"一語，便很容易誤會莫二毛的左腳不健全。但始終由"莫二毛左腳健全，右腳亦健全"推論"莫二毛右腳健全"是正確的，反之由"莫二毛右腳健全"推論"莫二毛左腳不健全"卻是不正確的，有此不正確推論是由於人們思考不夠精密。

6.4 選言推理

選言（disjunctive statement，或譯作"分取述句"）包括兩個或以上的分句，其中的一句或以上被肯定是成立的。選言可分為相容（non-exclusive）與不相容（exclusive）兩種。

相容選言中，兩個分句可以只有一句真，或兩句都為真。例如有人看見莫大毛不用工作而能夠過極揮霍的生活，因而說："莫大毛的父親或太太很有錢"。如果莫大毛的父親很有錢但太太並非很有錢，或是莫大毛的太太很有錢但父親並非很有錢，那人都算說對了。如果莫大毛的父親和太太都很有錢，那人說的話也說對了。只有在莫大毛的父親和太太都沒有錢的情況下，那人才算說錯。

　　不相容選言中，兩個分句中有一句是真的，但不會兩句都為真。例如某算命先生為黃先生算命，他說：「黃先生的太太是姓陳的或姓張的。」由於黃先生只有一位太太，她或是姓陳的或是姓張的，但不會又姓陳又姓張，所以算命先生的說話是屬於不相容選言。

　　我們怎麼可以知道一句選言是相容還是不相容的呢？答案是，我們只要看看，兩個分句是否可以同時成立。如果兩個分句可以同時成立，屬相容選言；如果不可以同時成立，則屬不相容選言。例如報章上的徵聘廣告，說：「應徵者需要具備大學學位或專業學會會員資格。」你既具有大學學位又有專業會會員資格是否可以應徵？當然是可以的，所以廣告的句子是屬於相容選言。又例如某甲和某乙競選總統，只有一個席位，若說「某甲或某乙會獲選總統」，當然是一句不相容的選言了。

　　選言推理可以分為相容選言推理和不相容選言推理。如果前提的選言是相容的，那下面第一種格式的推理是正確的，第二種的格式則是不正確的：

（1）正確的相容選言推理

格式：

　　　P 或 Q

　　　不是 P
────────────
因此 Q

例子：

　　莫大毛的父親或太太很有錢。

　　莫大毛的父親並不很有錢。
_____
因此，莫大毛的太太很有錢。

（2）不正確的相容選言推理

格式：

　　P 或 Q

　　P
_____
因此不是 Q

例子：

　　莫大毛的父親或太太很有錢。

　　莫大毛的父親很有錢。
_____
因此，莫大毛的太太並不是很有錢。

如果選言是不相容的，則以下兩種形式的推理都是正確的：

（1）破立式

格式：

　　P 或 Q

　　不是 P
_____
因此 Q

例子：

　　珠珠唸電腦系或會計系。

　　珠珠不是唸電腦系。
_____

因此，珠珠唸會計系。

(2) 立破式

格式：

　　P 或 Q

　　P
_____

因此不是 Q

例子：

　　珠珠唸電腦系或會計系。

　　珠珠唸電腦系
_____

因此，珠珠並不是唸會計系。

　　在以上的兩個例子中，珠珠是唸電腦系與會計系的其中一系，不會兩系都唸，亦不會兩系都不唸。所以我們知道了她是唸其中一系，便可以斷定她不是唸另一系：知道了她不是唸其中一系，便可以斷定她是唸另一系了。

摘要

一個論證是由前提及結論兩部分組成。一個推理正確的論證，前提為真則結論必真。本章介紹了一些常見的論證形式，並將推理正確與推理不正確的論證區分開來。

- 如言推理

以下兩種形式的如言推理是正確的：

（1）肯定前件式

　　"如果 P 則 Q。P。∴ Q。"

（2）否定後件式

　　"如果 P 則 Q。不是 Q。∴不是 P。"

　　以下兩種形式的如言推理則是不正確的：

（1）肯定後件式

　　"如果 P 則 Q。Q。∴ P。"

（2）否定前件式

　　"如果 P 則 Q。不是 P。∴不是 Q。"

- 聯言推理

　　最基本有以下兩式：

（1）合成式

　　"P。Q。∴ P 而且 Q。"

（2）分解式

　　"P 而且 Q。∴ P。"

- 選言推理

  最基本有以下兩式：

(1) 破立式

  "P 或 Q。不是 P。∴ Q。"

(2) 立破式

  "P 或 Q。P。∴ 不是 Q。"

如果選言是不相容的，以上兩式都正確。如果選言是相容的，只有第一式才是正確的。

∷ 練習題

試判斷以下的論證在推理上是否確當：

1. "如果你是十幾歲的話，你有幻想是應該的。但你已不是十幾歲了。因此，你不應該有幻想。"

2. "愛迪生發明了電燈或是留聲機。電燈是愛迪生發明的。因此，留聲機並不是愛迪生發明的。"

3. "如果我的丈夫做了虧心事，他會送禮物給我。現在我的丈夫送禮物給我，可見他是做了虧心事。"

4. 鄧總工程師說："改革嘛，膽子要大。"鄧總工程師又說："改革嘛，步子要穩。"因此，鄧總工程師既說改革膽子要大，又說改革步子要穩。

5. "如果患了感冒，那麼體溫就會升高。現在體溫升高了，可見是患了感冒。"

6. 耶穌向門徒解釋他們為甚麼會受到逼害（見《約翰福音》十五章 19 節："你們若屬世界，世界必愛屬自己的。只因你們不屬世界，乃是我從世界中揀選了你們，所以世界就恨你們。"

7. 傳道人解釋何以見得《聖經》是神的話語：
   "如果《聖經》是神的話語，《聖經》的內容可以經得起考驗。事實上，《聖經》的內容可以經得起考驗。由此可見，《聖經》是神的話語。"

8. 邏輯學老師在講授將要完結的時候說：
   "如果你們能正確地判斷本推論是否確當，我會讓你們走。然而，你們不能判斷本推論是否確當。因此，我不會讓你們走。"

第 7 章

歸納論證

我們的知識有些是個別的，例如：孔子有妻有子、大帽山是香港最高的山、地球是圓的。我們亦有些知識是普遍的，例如：所有金屬都導電、物件遇熱會膨脹。

普遍知識（general knowledge）對於我們是很重要的。如果沒有了普遍知識，我們便無從預料下一分鐘會發生甚麼事情，亦無從去計劃我們下一步的行動。例如：我手上有一個檸檬，它是甜的還是酸的呢？由於我有普遍知識，縱使我沒有吃過這個檸檬，我也知道它是酸的。

希臘哲學家亞里士多德（Aristotle，公元前 384- 前 322）認為科學的目的在於尋求普遍的知識。你家有三件金器、兩件銀器，你穿的衣服是名牌，你的女朋友姓白，你喜歡吃檸檬……諸如此類的個別知識並不是一個科學家作為科學家有興趣知道的。科學要尋求的是普遍知識。如果你說：金屬會導電，檸檬都是酸的，這就有趣了，這些普遍知識正是一個科學家作為科學家所有興趣知道的。

我可以通過我的感官得知個別的知識。例如：我手上有一個檸檬，我只要張開我的眼睛便看見了。但我們是如何獲得普遍知識的呢？通過我的感官，我可以知道這個檸檬是酸的，那個檸檬是酸的，但我如何得知所有檸檬都是酸的呢？

我們現在的問題是：我們要獲得普遍知識，但我們直接由經驗所得的卻只是個別知識。若是如此，我們如何可以獲得普遍知識呢？亞里士多德對這問題的答案是：利用歸納法（induction），我們可以由個別知識得出普遍知識。

:: 熱身練習

以下的推理是否可接受？

	可接受	不可接受
1. 我遇過的三個男人，毫無例外都是薄倖的，可見世間男兒皆薄倖。	□	□
2. 據香港某電視週刊調查，該週刊的讀者有二分之一每天花四小時以上看電視。由此可見本港大約有一半人每天花四小時以上看電視。	□	□

答案：
推論 1：不可接受。
推論 2：不可接受。

7.1 何謂歸納論證？

傳統的看法認為，歸納論證（inductive argument）是一種由部分推論到全體的論證。以下是一個典型的歸納論證：

> 烏鴉一號是黑色的。
> 烏鴉二號是黑色的。
> 烏鴉三號是黑色的。
> ……
> 烏鴉 n 號也是黑色的。
> ————————————————
> 因此，所有的烏鴉都是黑色的。

我們見過很多烏鴉，發覺烏鴉有很多種。有些是肥的，有些是瘦的；有些是愛好和平的，有些是好勇鬥狠的；有些是多羽毛的，有些是少羽毛的。然而，各種烏鴉毫無例外都是黑色的。我們由看過的有限數目的烏鴉，毫無例外是黑色的，而推論到所有烏鴉，包括那些我們沒有看過的烏鴉都是黑色的。這個推論是由部分的烏鴉是黑色的，推論所有烏鴉是黑色的。不少人認為這就是歸納論證的特色。

可是，演繹論證（deductive argument）亦可以是由部分推論到全體的，例如：

> 大姐明是奸的成年人。
> 大姐明不是男人。
> ————————————————
> 因此，並非所有奸的成年人都是男人。

如果志偉來了，所有賓客都會盡興。

志偉來了。
_____

因此，所有賓客都會盡興。

以上兩個論證都是演繹論證，如果前提為真則結論必真。前提中都包含了指稱個別人物的命題。但結論卻是泛稱命題。因此，演繹論證其實亦可以由涉及個別事物的命題推論到涉及所有事物的命題。（Kahane, 1986）

歸納論證其實不一定是由部分推論到全體的，例如：

史提芬史匹堡的電影《回到未來》很好看。

史提芬史匹堡的電影《侏儸紀公園》很好看。

史提芬史匹堡的電影《變形金剛》很好看。
_____

因此，史提芬史匹堡的下一套新電影亦會是好看的。

以上的一個論證亦屬歸納論證，但並不是由部分推論到全體的。提出這個論證的人認為很多史提芬史匹堡的電影都很好看，但他不一定同時主張凡是史提芬史匹堡的電影都是好看的，可能在他看過的史提芬史匹堡的電影中有一部或半部曾令他失望，但只要史提芬史匹堡的電影真的有很多部都好看，只要不很好看的只佔極少數，以上的論證仍然具有説服力。以上的論證並不是由部分推論到全體，但亦屬歸納論證，因此，由部分推論到全體並不是歸納論證的定義性特色（defining characteristic）。

我為歸納論證下的定義是：歸納論證是前提支持結論但不保證結論為真的論證。（推理確當的）演繹論證的前提是真的可保證結論是真的。歸納論證（縱使是一個好的歸納論證）的前提縱使

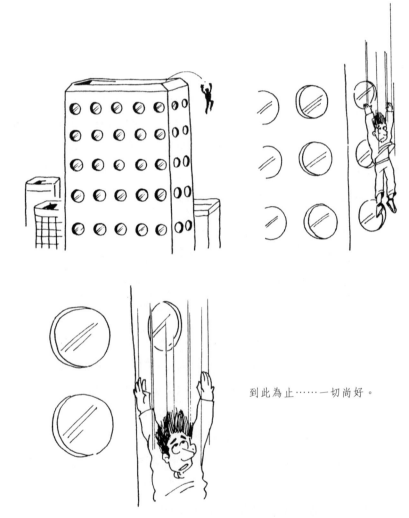

到此為止……一切尚好。

由個別事例推導出普遍的結論，有時會是對的，但並不一定。

是真的並不保證結論亦是真的。但歸納論證與推理不確當的演繹論證不同，歸納論證（當然是指好的歸納論證）的前提雖然不含蘊（imply）結論，但確實對結論提供了一些支持。例如：

太陽是星球，是圓的。
火星是星球，是圓的。
地球是星球，是圓的。
海王星是星球，是圓的。
牛郎星是星球，是圓的。
北極星是星球，是圓的。
......

因此，所有星球都是圓的。

如果前提為真，結論未必真。但如果前提為真卻可給予理由我們相信結論是真的。如果前提所提到的事例越多，我們就越有理由接受結論。凡是歸納論證都有這個特色，就是前提真雖然不能保證結論亦必真，但能給予理由，去支持結論。由於這個原因，歸納推理可被等同為非終結性推理（non-conclusive reasoning）。（Skyrms, 1986）

7.2 演繹法與歸納法的分別

除了我們上面提到的分別外，演繹論證與歸納論證最少還有以下兩點的分別。

一個演繹論證，在推理上要麼就是確當（valid），要麼就是不確當（invalid）。是否確當，並沒有程度之分。例如：

> 如果下了糖，匙羹會濕。
> 匙羹沒有濕。
> ─────────────────
> 因此，沒有下糖。

以上的一個演繹論證，如果前提為真則結論必真，論證在推理上是正確的。一個論證或是確當的，或是不確當的。並不會有一個論證比另一個論證更確當。我們亦不可以比較兩個演繹論證之間其確當的程度。

可是，一個歸納論證是否可取，則有程度之分。前提為真結論不一定真。前提為真雖不能保證結論一定真，但前提真會給予結論一些支持，令人們更有理由接受結論。前提對結論的支持可以有強弱之分。如果我們吃過的檸檬越多，我們說"所有檸檬都是酸的"就越有說服力。

演繹論證與歸納論證的另一個重要的分別，是演繹論證是單調的（monotonic）。（Harman, 1986）多些前提只會導致多些結論，舊有的結論永不會因為獲得新資料而被推翻。歸納推理則可修正的（revisable）。一個確當的演繹論證不會因為增加新的前提而變得不確當，但一個好的歸納論證卻可以因為新資料的出現變得欠佳。試看以下的一個歸納論證：

> 95% 的香港大學學生是華人。
> 約翰是香港大學學生。
> ─────────────────
> 因此，約翰是華人。

假如我對約翰的認識只限於他是香港大學學生，以上的推理是有說服力的。假如我要對香港大學學生作抽樣調查，結果隨機選了約翰。這時我根據香港大學學生有 95% 是華人而推斷約翰是華人，雖然可能會錯，但並不是沒有理由。但是假如我進一步知道約翰是香港大學外籍學生會的會員（當然我亦知道外籍學生會的會員全部是外國人），則原本的論證在加入了新的前提後就變成了一個全無說服力的論證。試看：

> 95% 的香港大學學生是華人。
>
> 約翰是香港大學學生。
>
> 約翰是香港大學外籍學生會的會員。
>
> 外籍學生會的會員全部是外國人。
> _____
> 因此，約翰是華人。

7.3 歸納論證的類別

歸納論證可以分為四大類：（Salmon, 1963）

（1）普遍歸納（universal inductive generalization）；

（2）統計歸納（statistical inductive generalization）；

（3）統計三段論（statistical syllogism）；

（4）類比論證（analogy）。

（1）普遍歸納

普遍歸納是由個別事物具有某特性而推論所有事物皆有該特性。例如：人們嚐過極大數量的檸檬，全部毫無例外都是酸的，因此推斷所有檸檬都是酸的。此類推論的格式如下：

編號第 1 的 A 具有 B 的屬性。

編號第 2 的 A 具有 B 的屬性。

編號第 3 的 A 具有 B 的屬性。

⋯⋯

編號第 n 的 A 具有 B 的屬性。

因此，所有的 A 都具有 B 的屬性。

此類歸納推理須要符合以下三個條件：（Russell, 1967）

1. 事例的數量要多

如果你只遇過兩、三個男兒，都是薄倖的，就斷定天下男兒皆薄倖，那麼你所引用的事例就不夠多，你的推論亦不是一個好的歸納推論。天下男兒有這麼多，你只遇過其中兩、三個罷了。如果你遇過的男兒有數百個，全部毫無例外都是薄倖的，你的結論說“天下男兒皆薄倖”仍然有可能錯，但你的推論就有力多了。

2. 事例的類別要廣

假如你說“日本人都是很有禮貌”，理由是你見過無數個日本人有禮貌的事例，你的推論是否有力？這還要看你所取的事例類別是否夠廣。如果你的無數事例，只不過是每天早晨出門時遇到你鄰家的日本人很有禮貌地向你問好，你的事例就不夠廣了。你鄰家的日本人早上遇到你時很有禮貌，但在其他時間其他場合見到你亦有禮貌嗎？對你有禮貌，對其他人亦有禮貌嗎？你鄰家的日本人有禮貌，但是其他日本人亦有禮貌嗎？只是根據你所提供的資料，以上問題的答案都是“不知道”。

3. 沒有與結論不符的事例

　　縱使一個普遍歸納的歸納論證合乎以上的兩個條件，但如果發現與結論不符的事例，論證就變得無力。人們自古以來，觀察過無數的烏鴉，發覺他們都是黑色的。觀察的事例亦是很廣的，觀察的烏鴉有肥的，也有瘦的；有老的，也有嫩的……形形式式的烏鴉都有。在北方看到的烏鴉是黑色的，在江南看到的烏鴉也是黑色的，在南洋以至西洋看到的烏鴉也是黑色的。然而，我們澳洲卻發現了白色的烏鴉，既然發現了白色的烏鴉，縱使論證的其他前提仍是被肯定為真的（烏鴉 1 號至烏鴉 n 號沒錯確實是黑色的），但結論說 "所有烏鴉都是黑色的" 卻變得沒有理由支持了。

　　澳洲有一些烏鴉，色素層缺乏色素細胞，羽毛不是黑色而是透明的，看起來則是白色的。所以事實上烏鴉有些是白色的，並非所有都是黑色的。但是，我們可不可以說，那些雀鳥既然是白的，便不是烏鴉？—— 烏鴉是 "烏" 的，白的便不是 "烏" 鴉，乾脆稱牠們為白鴉好了。但是那些在澳洲發現的白色的類似烏鴉的物體，牠們的父母可能都是黑色的，牠們的子女也可能是黑色的。這些雀鳥是烏鴉所生，生下的子女我們亦稱為烏鴉，牠們的遺傳因子亦是烏鴉的遺傳因子。我們豈能夠說，牠們的父母是烏鴉，牠們的子女是烏鴉，牠們卻不是烏鴉？

　　這類歸納推理我們不時會用，假設所根據的資料正確（即前提為真），結論亦很多時會是真的。但不論結論看起來是多麼合理，仍有可能是錯的。

　　試看以下的例子（又稱為 Leo Moser's circle-and-spot problem）。如果圓周上有兩點，將兩點連起來，圓圈可以被分為兩份。如果圓周上有三點，將它們連起來，圓圈可被分為四份。如果圓周上有四點，將它們連起來，圓圈可被分為八份。如果圓周上有五點，將它們連起來，圓圈可被分為十六份。如果圓周上有六點，圓圈又可以被分為多少份呢？（Gardner, 1981: 177, 180-181）

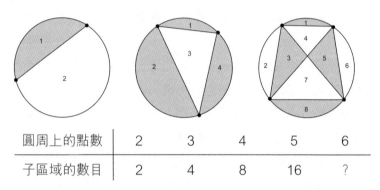

圓周上的點數	2	3	4	5	6
子區域的數目	2	4	8	16	?

我們可以提出以下的一個歸納論證：

當圓周上的點數是 2 時，圈上的點數與子區域數的比例合乎 2^{n-1} 的公式。（$2^1 = 2$）
當圓周上的點數是 3 時，圈上的點數與子區域數的比例合乎 2^{n-1} 的公式。（$2^2 = 4$）
當圓周上的點數是 4 時，圈上的點數與子區域數的比例合乎 2^{n-1} 的公式。（$2^3 = 8$）
當圓周上的點數是 5 時，圈上的點數與子區域數的比例合乎 2^{n-1} 的公式。（$2^4 = 16$）

∴圓周上的點數與子區域數的比例合乎 2^{n-1} 的公式。

可是，上述的推論前提雖然正確，但結論是錯誤的。若依照結論列出的公式，當圓周上的點數是 6 時，圓圈應該可以被分為 32 份，但是正確的答案卻是 31。

正確的答案是，當圓周上的點是 n 時，可以劃分的份數是：

$$\frac{n^4 - 6n^3 + 23n^2 - 18n + 24}{24}$$

（2）統計歸納

統計歸納是由一組隨機抽出的樣本中某個百分比具有某特性，而推論出全體的同一個百分比具有該特性。

電視台常說有某個百分點的電視觀眾收看他們的節目，他們是怎麼知道的呢？他們並不是逐一向市民詢問他們有否收看電視，如果有的話又是否選擇收看他們電視台的節目。他們用的方法是抽樣調查。

55% 看世界盃賽事的被訪者收看三色台的轉播。

因此，約 55% 看世界盃賽事的人收看三色台的轉播。

統計歸納論證容許我們由樣本（**sample**）中有 n 百分點具備 F 這個特性，推論到全體（**population**）亦有 n 個百分點具有此特性。

普遍歸納須合乎三個條件。第三個條件是說不可以有例外。但統計歸納要達至的結論並不是全部的某類事物都具有某個特性，而只是說某類事物的某個百分比具有某特性，其間容許有例外，所以普遍歸納的第三個條件對於統計歸納並不適用。但是歸納論證仍要符合第一及第二兩個條件。

如果違反了第一個條件，也就是說所根據的樣本數量過多，就犯了不充分統計的謬誤（fallacy of insufficient statistics，亦稱 fallacy of small sample）。例如你到圖書館，從架上隨機抽出四本書，其中一本是中文書，三本是英文書，便由此推論圖書館的書有百分之七十五是英文書，就是犯了不充分統計的謬誤。圖書館的藏書這麼多，你只是查看了四本便妄下斷語。縱使你真的做到隨機挑選，樣本太少亦沒有代表性。

如果違反了第二個條件，也就是說所取的樣本並不是真正隨機的，就犯了偏差統計的謬誤（fallacy of biased statistics，亦稱 fallacy of biased sample）。一個常為人稱道的例子是美國一本雜誌《文摘》（*Literary Digest*）在 1936 年對羅斯福（Franklin Delano Roosevelt, 1882-1945）與蘭登（Alf Landon, 1887-1936）競選總統的世紀之戰進行的民意調查。雜誌發出 1,000 萬張模擬選票，收回 400 萬張，不可以說是不合乎第一個條件（即事例要多）了。收回的選票中大多數人都是投蘭登勝出的，羅斯福知道了調查結果，以為自己是輸定了，哪料到真正競選的結果卻是由羅斯福勝出。這次民意調查竟然不準確，到底是甚麼原因呢？是不是選民口是心非，還是他們臨時改變主意呢？原來兩樣都不是，關鍵在於雜誌的 1,000 萬張選票發到甚麼人的手上。原來雜誌是從電話簿及車主登記檔案裏找到人們的姓名及地址而發出模擬選票的。於是模擬選票都落在那些擁有電話或汽車的人手上，這些人在當時都屬於中產或以上階級，這些人支持蘭登並不表示美國人普遍亦支持蘭登。（Salmon, 1963）

英國哲學家培根（Francis Bacon, 1561-1626）曾說過一個很有趣的故事。話說有信徒向一個邏輯學家宣傳宗教。他說："我帶你去一處地方，去過那一處地方，你就會相信神是真正存在的，神的救恩是多麼的奇妙了。"信徒把邏輯學家帶到教堂，再對他說："這座教堂是一個本來不信的人蒙神的恩典後斥資興建的。他將他蒙神恩的經過繪成壁畫。最左面的一幅是畫他乘船出海，跟着的一幅是畫他坐的船遇巨風沉沒了，他當時想：這次死定了。他平時是不信神的，但這時他亦向神請求起來了。接着的一幅是寫他向神祈禱，他說："神啊！若你是存在的話，求祢打救我，我得救以後一定會為祢的存在、祢的大能、祢的恩典作出見證。"此人祈禱後不久，便有一艘船到了，把他拯救回來。說過了這個故事，信徒接着說："好了，現在看過這件真人真事後，你是否仍然頑固地不相信神的存在呢？"邏輯學家聽完這個故事後，也不和他爭執，只心平氣和的問了一句："描繪向神祈禱之後得救的事跡的畫在這裏，那麼描繪向神祈禱之後不獲救的畫又在哪裏呢？"（Salmon, 1963: 58）在形勢危急，徬徨無計的情況下，向神祈禱的事例，一定是有不少的。當中有多少人獲救多少人不獲救呢？我們只可以知道祈禱獲救的人的事跡，卻不可以知道祈禱而不獲救的人的事跡（因為他們已經死了，無從告訴我們）。我們只根據獲救的人說他們曾祈禱，因而說祈禱的人較多獲救，就犯了偏差統計的謬誤了。

（3）統計三段論

歸納論證不一定是由部分推論全體的。以下要討論的兩類歸納論證——統計三段論和類比論證——有由全體推論到部分的，亦有由部分推論到部分的。

統計三段論由某類型的多數成員具有某特性，推論某個體既然是該類型的成員，亦會具有該特性。以下是一個例子：

95%年僅三十的人可活多七年。

阿成年僅三十。

_____

因此,阿成可多活七年。

此論證與傳統的三段論有些類似(例如:凡人皆會死,蘇格拉底是人,因此蘇格拉底會死),只不過前提指的不是全部而是若干個百分點罷了。由於這類歸納論證與傳統的三段論頗類似,我們且把此類歸納論證稱之為統計三段論。

一個統計三段論的強弱需要視乎前提中提到的百分比有多大。如果是接近百分之百,則很有力。如果只等於百分之五十,則沒有力,因為相反的結論是同樣可能的。

如果前提包含的資料並不是可以獲得的全部有關資料,則是犯了不完全論據謬誤(fallacy of incomplete evidence)。如果除了前提給出的資料外,尚有其他一些相關的資料沒有被列出,並且如果我們掌握了那些資料,可能得出相反的結論,則隱瞞那些資料會起了誤導作用。例如在上例中,隱瞞了阿成患有末期癌症這個事實。如果我們對阿成的了解,只限於他年僅三十,則上面的推論是合理的。但如果我們進一步知道他雖然年僅三十,但患有末期癌症,這時便要修改我們原先的結論了。

95%年僅三十的人可活多七年。

阿成年僅三十。

阿成患有末期癌症。

99%患有末期癌症的人不可以活多過三年。

_____

因此,阿成不可以活多過三年。

（4）類比論證

最後的一類歸納論證是類比論證。類比論證的特色是從一些個別事例具有某特性，推論到同類的另一些個別事例亦具有該特性。例如：

> 盒子內的第一隻蛋是好蛋。
> 盒子內的第二隻蛋是好蛋。
> 盒子內的第三隻蛋是好蛋。
> ———————————————
> 因此，盒子內的第四隻蛋是好蛋。

如果我們隨機看了盒子內的若干隻蛋都是好蛋，雖然不一定可以保證全盒都是好蛋，亦不必要斷定全盒都是好蛋，但根據之前的若干隻蛋是好蛋而說下一隻蛋亦是好蛋，不能說是沒有根據的。

同上文討論過的其他歸納論證同一道理，如果：

（1）前提的事例越多；

（2）以往的事例與新事例屬於同一類型，

那麼類比就越有力。

如果你檢驗過的蛋越多，你說下一隻蛋亦如之前的各隻蛋一樣（或絕大部分的蛋一樣）是好蛋，你提出的類比便越有力。如果所根據的事例不單夠多，並且與推論到的事例又類似，則推論越合理。試再看以下的例子：

> 史提芬史匹堡的電影《回到未來》很好看。
> 史提芬史匹堡的電影《侏儸紀公園》很好看。
> 史提芬史匹堡的電影《變形金剛》很好看。
> ———————————————
> 因此，史提芬史匹堡的下一套新電影都會是好看的。

如果史提芬史匹堡的下一套新電影是《黑超特警組》，與前提提及的片都同屬科幻、驚險、動作片，則相信它亦是好看的結論較有根據。但如果史提芬史匹堡的下一套新電影是文藝片《林肯》或是卡通片《吹夢的巨人》，我們根據他過往的表現而斷定他下一套電影的成績，亦算是有根據，但證據就比較薄弱了。

摘要

- 歸納論證是前提支持結論但並不保證結論為真的論證。一個好的歸納論證，前提為真雖然不能保證結論亦必真，但能給予理由，支持結論。

- 歸納論證可以分為四類：

  （1）普遍歸納；

  （2）統計歸納；

  （3）統計三段論；

  （4）類比論證。

- 一般而言歸納論證最少要合乎以下兩個條件：

  （1）事例的數量要多；

  （2）事例的類別要廣。

- 歸納論證最常見的謬誤有三：

  （1）不充分統計謬誤 —— 所取的樣本太少；

  （2）偏差統計謬誤 —— 所取的樣本並不是隨機的；

  （3）不完全證據謬誤 —— 隱瞞了部分有關的資料。

:: 練習題

試批評以下的推理：

1. "我所熟悉的人中有三個人找過紫微陳算命，三次都很準確。由此可見紫微陳算命是很靈驗的。"

2. "消費者委員會希望知道某隻牌子的花生壞豆佔的百分比，委託我做這件工作。我於是去超級市場買了一包那個牌子的花生，數過共有花生豆 1,000 粒。其中有壞豆 80 粒，於是我便寫報告，說那個牌子的花生，壞豆佔了 8%。"

3. "住在美國的人 99% 都不是華人。因此，住在三藩市唐人街身份證編號 AB112233 的那位先生亦不是華人。"

4. "我問過系內 200 個同學，他們只有五成有讀報的習慣。由此我們可以推論，大學生中只有約五成有讀報的習慣。"

第 8 章
邏輯謬誤

邏輯謬誤（fallacy）是犯了推理錯誤的論證，它的前提並沒有為結論提供一個好的理據，尤指那些看起來好像有理，實則並不合理的所謂推論。一個謬誤的論證，前提縱使是真亦不能證明或支持結論。

謬誤主要有兩類：形式謬誤（formal fallacy）與非形式謬誤（informal fallacy）。前者基於論證的形式，論證之所以是謬誤因為論證的形式屬於謬誤的形式，例如肯定後件和否定前件都是形式謬誤的例子；非形式謬誤之所以是謬誤，並不是由於論證的邏輯格式，而是因為諸如論證的內容或語言的使用等其他因素的影響。

:: 熱身練習

以下的推理是否犯了謬誤？

<table>
<tr><td></td><td>是</td><td>否</td></tr>
<tr><td>1. 樓價並不會上升。因為說樓價會上升的人都是地產界的人，樓價上升對他們有利，他們自然會這樣說。</td><td>□</td><td>□</td></tr>
<tr><td>2. 看色情刊物不會增加暴力傾向，因為沒有證據證明有此影響。</td><td>□</td><td>□</td></tr>
<tr><td>3. 在大亞灣興建核電廠是合適的，因為中國需要核電。</td><td>□</td><td>□</td></tr>
</table>

練習 3：是。
練習 2：是。
練習 1：是。
答案：

謬誤可以是千奇百怪的，傳統對謬誤的分類多達數十種，可能會令初學者覺得眼花撩亂。據現代學者的研究（參看Toulmin *et al.*, 1984: 131-179），可以整理為數大類。以下分為四大類來討論：

1. 不相干謬誤（fallacies resulting from irrelevant grounds）：所給的論據實際上與結論並不相關，因此所謂的論據完全不能對結論提供任何支持。

2. 不充分證據的謬誤（fallacies resulting from defective grounds）：所給的論據與結論雖有關聯，但關聯卻十分薄弱。也就是說，論據並不能對結論提供足夠的支持。

3. 不當預設謬誤（fallacies of inappropriate presupposition）：所給的論據表面上為結論提供了支持，但是這種支持是建基於不合理的假設，因此，論據提供的支持是欠缺說服力的。

4. 基於語言的謬誤（fallacies resulting from the misuse of language）：所給的論據在字面上好像的支持結論，但並無實質的關聯，表面上的支持實際上只是誤用語言的效果。

8.1 不相干謬誤

如何區分一個及格的論證與一個不及格的論證？論證提供論據以支持結論，如果論據不能為結論提供有力的支持，那麼這就是一個不及格的論證。為甚麼論據並不足以支持結論？其中一個常見的原因就是，所謂論據與結論根本在道理上毫無關聯，這類謬誤稱為不相干謬誤。

論證應該為結論的成立提供論據，但是，如果論據與結論不相干，那麼這其實就是一個偽論證 —— 把一些不相關的內容當成為論據。

1. 訴諸權威

當被問及有何理由持有某個觀點的時候，有些人會提出此觀點是正確的，因為某位名人例如孔子或亞里士多德，或是其他如愛因斯坦之類的聰明人説過。這些人的觀點被視為有權威性，所以這類論證可以稱為訴諸權威（**Appeal to authority**）。稱引權威並沒有問題，問題是不能把觀點來源當成是觀點的論據。

縱使某個觀點是孔子或亞里士多德説過的，但孔子或亞里士多德又有何理由這樣説呢？縱使孔子或亞里士多德站在我們的面前提出同一個觀點，遇到質疑的時候，他們也得提出理由支持自己的論點。如果孔子説，我就是孔子，這是我説的，所以這是對的，大家一定會發覺他逃避問題，並沒有提出任何理由支持自己的論點。同樣道理，當有人質疑某一個觀點的時候，只是提出這個觀點孔子也贊成，其實並沒有提出任何理由去支持這個觀點。

這種謬誤在以前的中國讀書人中特別普遍，滿口的詩云子曰，作為立論的證據。英國哲學家邊沁（**Jeremy Bentham, 1748-1832**）把這種謬誤叫做"中國人的謬誤"（**The Chinese Fallacy**）。以下是兩個例子：

> 孔子說："學而時習之，不亦樂乎！"可見學習是很快樂的一件事。
>
> 螢火蟲是由腐草變成的。何以見得？有經書為證——《禮記》有云："季夏之月，腐草為螢。"

2. 訴諸個人

訴諸個人（**Argument directed to the person**）與訴諸權威同樣沒有提出任何理據，分別在於訴諸權威是訴之於第三者，訴諸個人則是訴之於第二者，即聽眾個人。

犯此謬誤者不提出證據去支持討論中的命題，而訴之於聽者已有的立場，或針對發言者個人作出批評。

提出論證的人應該提出令人接受結論的論據，然而，如果論證者轉向對方的個人立場而立論，當成是提出了立論的根據，那麼就犯了訴諸個人的謬誤。下面是一個例子：

> 這個世界是有鬼的。何以見得？我知道你是一個虔誠的教徒，你既然相信有神，自然亦應該相信有鬼。

上述論證宣稱要證明鬼的存在，但是卻有提出任何論據，只是訴之於對話者的個人立場。立論者只指出對話者個人從其個人立場應該接受那個說法，卻沒有提出任何相關理由證明那個說法確有合理的根據。

這種謬誤有時候採用駁斥個人推理或立場的形式，它批評立論者的個人背景而不是針對命題的內容或根據而提出反駁。例如：

尼采對基督教的批判都是錯誤的，因為尼采有精神病。

即使尼采真的有精神病，也不能因此而否定尼采說過的一切說話。為了說明尼采對基督教的批判是否有道理，我們需要找到這些批判的內容以及它們立論的理據，再檢討所言是否能成立。但是，這個論證完全沒有理會那些論題及論據，就馬上因人廢言，斷定這個可能某方面有問題的人的某一個主張不可能正確。沒有進入正式的討論，就已經妄下結論了。

3. 訴諸無知

訴諸無知（**Argument from ignorance**）的論證以一個主張沒有被證明為錯作為那個主張得以成立的理由。這種謬誤把反方論點缺乏證據當作是正方論點得以成立的證據（或者是把缺乏支持證據當成是具有反對證據），基於一個觀點從沒有被證明為假，而斷定那個觀點正確（或者是基於一個觀點從沒有被證明為真而斷定該觀點為假）。下面是一些例子：

鬼是存在的，因為沒有人可以證明鬼不存在。

提出政制改革，是真心為香港的利益嗎？當然不是，因為沒有任何動機或理由可以讓我們看到，他們只是在玩政治遊戲罷了。

我們沒有確鑿的證據表明非典型肺炎已經在公眾中傳播。因此，非典型肺炎沒有在公眾中傳播。

人類的知識是有限的，儘管我們可以不斷拓展我們的知識領

醫生建議病人減肥

病人指着醫生的肚腩説："算了吧！"

訴諸人身謬誤

域，但仍然有許多事情是我們不知道的。例如，在地球之外是否有具有智慧的生命、人在死亡之後是否有另一種形式的存在。將一個論點缺乏證據證明為真，視為這個觀點不能成立的證據，在邏輯上是一個謬誤。

4. 訴諸威嚇

訴諸威嚇，是藉着威嚇而不是提出相關的合理理由，令別人接受一個論點。

有時候我們也許被迫接受一個觀點，原因並不是我們在道理上被說服，而是因為我們不能承擔起否定此觀點帶來的後果。根據這個考慮而作出相關的行動並不算是不合理性，但是，將這個論點作為支持結論的理由就是一個謬誤。這種論證之所以是一個謬誤，原因在於它實際上並沒有提出任何理性上的理由去支持結論。看看下面的例子：

> 新城大學比香城大學出色，誰不同意就不應該留在新城大學。

這個論證有提出任何理由證明新城大學比較出色嗎？完全沒有，它沒有提出任何相關理由，只是說同學們不可不接受這個看法，否則就不配做新城大學的學生。為了獲得贊同，這裏使用的是威嚇而不是論據。

傳統上把這種謬誤叫做訴諸武力（**Appeal to force**）的論證，但所指涉的其實不限於武力，亦包括使用武力的恐嚇，乃至其他形式的恐嚇，例如上面提到"不該留在本大學"及下面提到的被嘲笑為"愚笨"或"太天真"：

如果有人到現在還看不出美國批評中國的人權狀況不過是美國政府打出的一張牌，用來和中國政府討價還價，那就未免太天真了。

説美國人權外交只不過是美國政府為獲取利益的一個手段可能是正確的，也可能是錯誤的，上述論證的謬誤在於它實際上沒有提出任何支持論點的論據，它只是在攔截別人的質疑 —— 如果你不同意，就是太幼稚。當然，人們都不想被別人認為自己幼稚，於是人們可能被這個論述威嚇到而不敢要求對方給出解釋。

8.2 證據不足的謬誤

我們可以説，證據不足的謬誤相比起不相干謬誤好像好一點。不相干謬誤提出的證據，根本與結論是否能成立無關；證據不足的謬誤提出的證據，最少是相關的，只不過不夠充分，理由比較薄弱罷了。

1. 倉卒推廣

倉卒推廣（Hasty generalization），又稱以偏概全，只是根據少數的事例而立下一般性的結論。由某一類事物的一部分有某種情況，進而概括這類事物的全體都是如此的情況。例如：

> 有些毒品可作醫療用途，應容許人們購買。因此，不應禁止毒品自由買賣。
> 我的前度男友是負心人，我現在的男友也是負心人。

可見男人都是負心人。

以上兩個論證從少數事例推導出普遍的結論。當然,少數事例也是證據,但是作為支持普遍結論的證據而言並不夠充分。

考試時可以用參考書嗎?應該一概容許或一概不准嗎?以下的一個論證可以有力支持開卷考試嗎?

翻譯考試可以用字典,數學考試可以用對數表,因此,考試用參考書並無不可。

以上的論證基於"有些考試可以使用書籍",而推論"所有考試都可以使用書籍",舉出的只是兩個例子,而且事例中容許參看的書也有嚴格限制,因此犯了倉卒推廣的謬誤。

2. 合成的謬誤

倉卒推廣根據一部分如此而推論到全部都如此,然而,即使羣體的所有成員都有某種特質,我們也不能保證整個羣體有同樣的特質,這樣的推理犯了合成的謬誤(**Fallacy of composition**)── 以組成的部分具有某一屬性,而推論由這些部分組成的整體亦具有該屬性。然而,一餐飯的每一道菜都不貴,並不表示整頓飯都不貴;一部機器的任何零件都可以輕而易舉,並不表示整部機器亦輕而易舉。

假定一支足球隊有十數個隊員,你知道其中兩個或三個隊員來自巴西,從而推斷這支球隊所有的隊員都來自巴西,你犯的是倉卒推廣;如果你知道所有的隊員都是第一流的,從而推斷這支球隊(例如足球明星隊)是第一流的,那麼你犯的就是合成的謬誤。再看看下面的例子:

一年的預算削減百分之五是可承擔的，因此，五年內每年的年度預算都削減百分之五也是可承擔的。

小時候有人教我練輕功的方法：

每星期增加負重一磅，仍然可以如常活動。將這程序重複數年，然後除去所有負重，便可練成輕功。

一年減百分之五是可承擔的，但五年內每年減百分之五，累積起來的整體可以是超過承擔能力的。同樣道理，只是一星期增加一磅，不致嚴重影響正常活動，但累積起來的整體負重卻絕對能嚴重影響正常活動。俗語說："小數怕長計"，由於每一個數都是小數目，而推論加起來的亦是小數目，便是犯了合成的謬誤。

3. 分解的謬誤

分解的謬誤（Fallacy of division）與合成的謬誤恰好相反，由整體具有某一屬性，而推論組成整體的部分亦具有該屬性。例如：

通識教育中心的老師可以任教多個學科（包括文學、歷史、哲學、文化、藝術、電影、社會、政治），因此，通識教育中心的每一位老師都可以任教多個學科。

"可以任教多個學科"是通識教育中心的老師這個羣體的特徵，不能由此推論該中心的每一位個別老師都有此特徵。試想一想：即使每一名老師只可以任教一兩個學科，只要他們各有專長，整個中心各個老師合起來也可以任教多個學科。

"大花瓶是很貴重的，所以大花瓶的碎片也是很貴重的。"以上的一個論證，由於前提真而結論明顯是假的，大家很容易看出其推論是一個謬誤，不會受其愚弄。但如果我們對結論是否真確完全沒有認識，則對其謬誤不一定能一眼看出。

> 哈佛大學的畢業生比香港大學的畢業生優秀，第一位應徵者是哈佛大學畢業，第二位是香港大學畢業，當然是第一位應徵者比第二位應徵者優秀了。

4. 誤認因果

當我們觀察到一件事情發生之後，另一件事情總是接着發生，我們可以由此而斷定兩者的因果關係，即前者導致後者嗎？以下是一個常見的例子：

> 感冒病人喝了某種沖劑後康復了，由此推斷是沖劑令到患者康復。

感冒後喝了沖劑後康復可能確是事實，但康復可能是由於身體本身的免疫機能，也可能由於其他原因，並不見得一定與之前發生過的事有關，簡單地將之前發生的事視為之後發生的事的原因，犯了假因的謬誤（**Fallacy of false cause**）。

縱使兩件事經常走在一起，也不見得兩者之間一定有因果關係，有可能兩者都是果，而另有一個共同的原因，導致兩者同時或相繼出現。例如：暴風雨令氣壓下降，亦令河水上升，但既不可以說氣壓下降令到河水上升，亦不可以說河水上升令到氣壓下降。氣壓下降與河水上升都是果，兩者有共同的原因，這種誤認因果的謬誤稱為共因的謬誤（**Fallacy of common cause**）。

另外還有一個可能性，兩件事之間確有因果關係，但卻把因果關係倒轉了。例如在電視上見到不少博士（例如：李嘉誠博士、何鴻燊博士、邵逸夫博士）都是富有人，由此推斷做博士有助於成為富有人。他們是富有人與他們是博士可能真有些關係，但與其說做博士是因，成為富有人是果，不如說做富有人是因，成為博士是果比較正確。將因果關係倒轉犯的是倒果為因謬誤（Fallacy of confusing cause and effect）。

假定我們觀察到 A 與 B 兩件事總是會一起同時發生，有以下幾種可能性：

1. A 是原因，B 是結果。
2. 有一個共同的原因 C，A 和 B 都是其結果。
3. B 是原因，A 是結果。
4. 在 A 和 B 之間沒有因果關係。

假設我們現在有數據顯示抽煙的學生學業成績比較差，我們可以推斷抽煙導致學業成績較差嗎？根據以上的分析，其實有四種可能性：

1. 抽煙是原因，成績差是結果（抽煙導致成績差）。
2. 有一些共同的原因（例如：感情問題、家庭問題、經濟問題）導致抽煙及成績差。
3. 成績差是原因，抽煙是結果（成績差導致焦慮，因此抽煙）。
4. 抽煙與成績差沒有因果關係（兩者只是巧合）。

因為有四種可能性，所以斷定其中一種是事實在推理上是犯了謬誤。當然，我們不一定能掌握資料判斷哪一種情況才是事實，但我們可以肯定在沒有考慮另外三種情況下妄下結論是犯了邏輯謬誤，可以泛指之為誤認因果謬誤（Causal fallacy）。

8.3 不當預設謬誤

不相干謬誤沒有給予結論相關的支持，不充分證據謬誤給予結論相關卻不充分的支持，不當預設謬誤與以上兩類謬誤不同，它的論證給予結論強力支持，但是在推理過程中卻作了不當預設（Inappropriate presupposition）。結論之所以成立，是借助不恰當的假設，由此而推導出結論，是一種推理上的謬誤。

1. 預設結論

如果在爭論的過程中預設了有待證明的論題，就犯了預設結論的謬誤（Begging the question）。[1] 以下是一個例子：

> 美國對恐怖分子宣戰是正當的，因為戰爭是對恐怖襲擊的正當回應。

這個論證意在解釋為甚麼美國對恐怖分子宣戰是正當的，但實際上它沒有給出任何理由，所謂的"理由"（戰爭是對恐怖襲擊的正當回應）只是用另一種方式重複結論的內容，這種論證類似於"p，所以 p"，若前提成立結論當然可以成立，問題是根本論據所

---

1 很多中文邏輯學書籍將此謬誤的英文名稱 "begging the question" 譯為 "乞題"，此語在英文已屬費解，譯為中文更加莫名其妙。此語出自希臘哲學家亞里士多德，原文是 "τὸ ἐν ἀρχῇ αἰτεῖσθαι"（*to en archei aiteisthai*），意思是 "beg for that which is the question-at-issue"，拉丁文譯為 "*Petitio principii*" 已經失真，再輾轉譯為 "乞題" 更加難以表達原意。（Hamblin, 1972: pp. 32）

説的與結論所説並無不同，根本並沒有提出任何論據去支持結論。

以下的一個例子亦能起到強辭奪理的作用：

> 女星嫁入豪門，八卦雜誌傳女星有桃色醜聞，家姑大發雷霆。
>
> 女星："沒有這樣的事，那些雜誌不過是胡説罷了。"
>
> 家姑："如果沒有這樣的事，雜誌怎會這樣寫？"

家姑的反問可能令人難以回答，但是她其實犯了預設結論的謬誤，她與媳婦要討論的問題是八卦雜誌所説的是否屬實——媳婦認為是胡説，家姑則斷定是事實，問題是我們如何判斷誰是誰非。但家姑説"如果沒有這樣的事，雜誌怎會這樣寫？"否定這個世界有胡説這回事。問題是這正正是爭論的焦點。家姑好像提出了一些理由支持自己的結論，但她在論證過程中，已假定了自己一定是正確的，在這情況之下，她自然可以得出自己想要的結論。

2. 循環論證

不當預設謬誤的另一個品種循環論證（Circular reasoning），比以上提到的預設結論較為複雜，它不是用 A 支持 A，而是提出一個獨立的論據 B 來支持 A，但是當被問及 B 何以成立的時候，它又把 A 當作支持 B 的論據。也就是説，以兩個仍然有待證明的論點互為論據。看看以下的例子：

經濟學教授："莫二毛選擇吃粥而不吃麵包，乃因粥給予莫二毛的效益（utility）較高。"

> 學生："何以見得粥對莫二毛的效益較高？"
>
> 經濟學教授："因為莫二毛選擇吃粥而不吃麵包。"

如果論證的形式是很明顯的"為甚麼 A ？因為 B。為甚麼 B ？因為 A。"大家不會受到愚弄，亦很容易看出是循環論證。但以下的論證，並不是很容易地指出它的漏洞在哪裏：

> 十娘："我的男朋友是真心愛我的。"
> 小慧："為何如此肯定？"
> 十娘："他親口對我說的。"
> 小慧："他不會騙你吧？"
> 十娘："不可能，我的男友從來都不對他愛的人說謊。"

如果你問十娘何以見得她的男朋友愛她，或何以見得她的男朋友沒有對她說謊，她都能提出一個振振有詞的理由：

論證 1

> 我的男朋友真心愛我。
> 我的男朋友不會對他真心愛的人說謊。
> 因此，我的男朋友不會對我說謊。

論證 2

> 我的男朋友不會對我說謊。
> 我的男朋友親口對我說愛我。
> 因此，我的男朋友真心愛我。

當我們將十娘的思維方式以上面兩個論證表達，可以看出她其實犯了循環論證謬誤。在證明她的男朋友真心愛她的時候，她假定了她的男朋友不會對她說謊，而在證明她的男朋友不會對她說謊的時候，她又假定了她的男朋友真心愛她。兩個結論互為論據，雖然加入了其他理由令到內容較為複雜以擾亂視線，但仍然清楚地顯示它屬於循環論證。

3. 複雜問題

假設檢控官想證明被告收藏贓款，向被告提出以下的問題：

> 你有沒有把贓款分給其他人？你只需要回答有或沒有。

無論被告答有或沒有，都表示他承認收過贓款，只是在收到後或分給他人，或自己獨佔。檢控官是否因此就能證明被告收過贓款？當然不能，他的這種推論方式犯了複雜問題（Complex question）的邏輯謬誤。這種謬誤預設了一個有待回答的問題有一個特定的答案。在上例中，被告有沒有收過贓款是有待討論的問題，但在論證的過程中，已經假定了這一個問題的答案，即被告確實有收過贓款。

以下都是一些複雜問題的例子：

> 你還有沒有偷媽媽的錢？
> 要不要做一個好孩子現在就上床睡覺？

一個複雜問題不能簡單地用"是"或"不是"來回答的，所有簡單的回答都會肯定了一個可能是錯誤的預設，當這個預設是錯誤的時候，無論怎樣回答都不恰當。

對付複雜問題可以用分割問題（Divide the question）的對治方法，把問題一分為二，再分開回答。例如孩子可以對母親說：

> 我要做一個好孩子，但現在仍不想去睡。

4. 比喻不當謬誤

以比喻作論證並無不可，但比喻要恰當才有説服力。比喻如何才算恰當？既然是比喻，當然不可能每一方面都相同，無可避免地都是只有某些方面相同而另外一些方面不相同，所以我們不能説有些方面不相同就是比喻不當。關鍵在於相關的方面是否相同，但甚麼是相關的方面？看看以下的例子：

> 説一隻手錶是無人製造自然形成，是很荒謬的。這個世界好比一隻超級手錶，我們又豈可以説這個世界是無人製造自然形成的。

將世界比喻為一隻手錶恰當嗎？兩者在外形與物料都很不同，但這些都不是比喻能否成立的關鍵。手錶為何不會是無人製造自然形成？其關鍵應該是指諸如結構複雜、運作良好、井然有序等有良好設計的證據。如果世界在這些方面與手錶並不相同，或是這些特徵並非一定是有智慧的製造者的製成品才可以具有，則這個比喻並不恰當。認為比喻不當的人指出：這個世界其實混沌一片，自然災害到處都有，各星球中有生命跡象者絕無僅有，浩瀚宇宙的大部分都是漫無目的地存在的，整個設計中包含大量多餘及不和諧的部分，這個世界如有製造者極其量只是一個拙劣的技工或是一個小孩子，而不是這個論證企圖證明的全知全能的神。[2]

一個類比論證忽略了類比的對象之間的關鍵差異，以不恰當的比喻作為論據，犯的是比喻不當謬誤（Fallacy of false analogy）。

2　此即 "blind watchmaker" 與 "造化小兒" 的説法。

再看以下一個例子：

> 在家庭中應由家庭的領導人為家中各人作主。國家有
> 如一個大家庭，故此，國家亦應由國家的領導人為國家內
> 的人民作主。

以上的一個論證，由家庭中應實行家長主義，推論到國家層
面亦應實行家長主義。然而，正如哲學家穆勒（John Stuart Mill,
1806-1873）指出，家庭與國家並不相類，不可以將國家比喻為家
庭，在家庭中成功地實行家長管治有賴兩個要素：(1) 家長對子女
有親情，會愛惜子女；(2) 家長比子女更了解子女的需要。此兩個
要素在國家層面並不具備。因此並不可以由家庭中可以成功地實行
家長主義，而推斷在國家層面亦可成功地實行家長主義。[3]

8.4 基於語言的謬誤

我們要討論的最後一大類謬誤與語言的使用有關，論證中有字
眼或句子的意思不清楚或有誤導成分，導致好像論據真的可以支持
結論的假象。

1. 偷換概念

在一個論證中，關鍵詞會重複出現，這些關鍵詞應該前後保持

---

3 John Stuart Mill, *A Systems of Logic*, New York: Harper and Brothers, 1874,
  pp. 554.

意思一致，論證才會有説服力。如果論證的過程中，關鍵詞的意義被改變了，論證的連貫性與説服力都只是表面的而不是實質的，這種論證所犯謬誤的是偷換概念（Shift of meaning）。

哲學家培根（Francis Bacon, 1561-1626）有一句名句："Knowledge is power."，自由主義者阿克頓男爵（Lord Acton, 1834-1902）亦有一句名句："Power corrupts"[4]，這兩句都看似有理，但合在一起豈不變成了"Knowledge corrupts"嗎？以下的推理到底有何不妥？

> Knowledge is power.
> Power corrupts.
> ∴ Knowledge corrupts.

第一句子中，"power"的意思是力量，全句的意思是"知識就是力量"，意思是具備知識就有能力去做事，並不是説知識是一種權力，你並不能用"有些書生有知識但沒有權力"這個論點去反駁培根的説法。在第二句中，"power"指的是權力，也就是政治上的權力，令人腐化的是政治的權力而不是知識的力量。英文的"power"一詞，是有歧義的，可以指力量，亦可以指權力。如果我們將以上的論證翻譯為中文，要把歧義的字譯成兩個不同的中文詞語，則偷換概念的魔法就失效了：

4　全句是"Power corrupts, and absolute power corrupts absolutely."中譯是：權力令人腐化，絕對權力令人絕對腐化。

知識是力量。

權力令人腐化。

因此，知識令人腐化。

再看另一個例子：

莫二毛上班時在廠房吸煙，管工對他說：“廠裏有規定，工作時禁止吸煙。”

莫二毛振振有詞地說：“我知道，所以我吸煙時絕不工作。”

例子中莫二毛不同意自己在工作時吸煙，理由是自己工作時不吸煙，吸煙時不工作，絕不會同時既工作又吸煙。莫二毛說的可能是事實，但管工說的“工作時”並不是“勞動時”的意思，而是指上班或當值的時間，說“工作時不工作”並沒有自相矛盾，意思就是上班的時候不勞動，並不是說勞動的時候不勞動。莫二毛將管工說的“工作時”歪曲為“勞動時”，管工說他上班當值時吸煙，他卻說自己勞動時不吸煙，吸煙時不勞動，犯了偷換概念的謬誤。

2. 滑坡謬誤

滑坡論證（Slippery slope argument）利用了論證中關鍵字詞的含混性（vagueness），將微小差別與較大的差別混為一談，從而誇大微小的差別或忽視較大的差別。將這種論證稱為滑坡論證是因為其思考模式有如在滑坡之上移動，下滑一點點就會下滑到底。

某科的及格分數為 50 分，有同學得 48 分，老師給予及格。另有同學得 44 分，他認為自己亦應得及格。理由如下："48 分亦可取得及格，就是説兩分的差別並不重要。既然如此，46 分與 48 分的差別亦不重要，我只不過比 46 分相差 2 分，與 46 分亦相差無幾。老師既給予取得 48 分的同學及格，亦應給予我及格。"

在以上的例子中，"不重要的差別"或"相差無幾"如果理解為沒有差別，那麼以上的論證是可以成立的。問題是微小而不重要的差別可以累積成為重要而頗大的差別。以下是另一個滑坡謬誤的例子：

多少歲才算老？25 歲肯定不算是老。如果一個年齡不算是老，多添一歲肯定亦不算是老。因此 26 歲肯定不是老。餘此類推，説任何一年開始就是老都是沒有理由的。所以任何年齡都不算是老，"老"根本就沒有標準。

"老"並不是一個精確的概念，所以難以説是由那一年那一天開始算是老，並不可以把人截然劃分為老與不老兩類。老與不老不是兩個清楚的範疇，而是一個系列或光譜（spectrum）的兩端，中間是不同程度的老。"老"是一個含混的字眼，但並不是完全沒有內容，差不多並不即是相等，相差不多可以累積為相差很大。

滑坡謬誤過分強調含混概念的含混性，忽略了含混概念亦有一定的內客。但完全忽略含混概念的含混性，亦會導致謬誤的思維，這就是以下要説的非黑即白謬誤。

3. 非黑即白謬誤

非黑即白謬誤（Fallacy of false dilemma / Black and white thinking）將兩個相反情況視為僅有的兩個可能性。通常這類謬誤也有一個關鍵詞，例如"聰明"、"真心相愛"、"富有"，通常這些字眼所描述的都有程度之分，但這些不同程度被忽視，只考慮兩種相反的極端情況。試看以下的實例：

> 教孩子是沒有用的。如果孩子是好的，你不教他他也會是好的。如果孩子是不好的，你怎樣教他他都不會變好。
>
> 這個問題的答案我是不會向你們解釋的。如果你們是聰明的，不用我解釋你們也會明白，如果你們是蠢的，我怎樣解釋們你都不會明白。

以上兩個論證，把人只分成兩類，要麼就是極好的，要麼就是極壞的；要麼就是極聰明的，要麼就是極愚蠢的，分略了中間的可能性，例如不至於聰明到可以事事靠自己領悟，亦不是愚蠢到無論怎樣解釋也不會明白。

這類謬誤在日常生活中並不罕見，有些更有騙人的能力：

> 立法會議員批評政府給予財團的條件過於優厚，政府官員這樣回應：「條件好的話，議員會批評條件過於優厚；條件差的話，財團不會理睬。」

在上例中，官員只考慮了兩個情況，條件太好與條件太差，問題是這兩個就是僅有的可能性嗎？除了條件太好及條件太差之外，還可以有條件不太好亦不太差，或條件不錯但又不算是過分優厚的可能性嗎？官員只是考慮了兩個極端的情況，而忽略了中間的可能性，犯了非黑即白謬誤。條件好或壞是一個含混概念，也就是說，好壞有不同的程度，不可以簡化為兩個清晰的極端。

摘要

- 謬誤是指那些看起來似乎正確,而其實是不正確的推理。
  一個謬誤的論證,前提縱使是真亦不能證明或支持結論。
- 謬誤可以是千奇百怪的,本章中分為四大類討論:
  (1) 不相干謬誤;
  (2) 不充分證據的謬誤;
  (3) 不當預設謬誤;
  (4) 基於語言的謬誤。
- 不相干謬誤,包括:
  (1) 訴諸權威;
  (2) 訴諸個人;
  (3) 訴諸無知;
  (4) 訴諸威嚇。
- 不充分證據的謬誤,包括:
  (1) 倉卒推廣;
  (2) 合成的謬誤;
  (3) 分解的謬誤;
  (4) 誤認因果。
- 不當預設謬誤,包括:
  (1) 預設結論;
  (2) 循環論證;
  (3) 複雜問題;
  (4) 比喻不當謬誤。

- 基於語言的謬誤，包括：
  (1) 偷換概念；
  (2) 滑坡謬誤；
  (3) 非黑即白謬誤。

:: 練習題

試分析以下的論證包含的謬誤：

1. 所有神學家和哲學家提出證明上帝存在的論證都是錯誤的，因此上帝並不存在。

2. 男生在理工科的表現比女生優秀，因此華仔在理工科的表現比珠女優秀。

3. 女性不適合做牧師，因為牧師是男性的工作。

4. 天上的星體是完美的嗎？伽利略這樣論證："太陽上有黑點，從望遠鏡可見這些黑點在不斷變化，因此，並非所有天上的星體都是完美的。" 當時的學者這樣反駁伽利略："天上的星體是完美的，既是完美就不會有變動，因此，太陽上不可能有不斷變化的黑點，你看到的一定是幻象。"

5. 在很多強姦犯家中都搜到色情刊物，由此可見閱讀色情刊物會增加性犯罪傾向。

6. 使徒保羅解釋妻子為甚麼要服從丈夫："你們作妻子的，當順服自己的丈夫，如同順服主。因為丈夫是妻子的頭，如同基督是教會的頭；他又是教會全體的救主。教會怎樣順服基督，妻子也要怎樣凡事順服丈夫。"

7. 天水圍天瑞村保安設施有漏洞，導致一名二十幾歲色魔可伺機強姦一名十四歲女生。天瑞村大廈有兩扇門，其中一扇門在保安員背後，令陌生人可以伺機進入大廈內。在回應保安漏洞的批評時，房委會發言人回應說："沒有可能設計一幢蒼蠅也飛不進的大廈，不可能有百分之一百安全，不可能叫居民住在鐵籠內。"

8. 某人寫了一篇文章反對強積金，引來另一位作者的批評：「該文的論點是不能成立的。該文的作者是地產公司老闆，他身為僱主，自然反對強積金。所以他只是砌詞狡辯。」

9. 前一次閏八月有災劫，上一次閏八月有災劫。由此可見，閏八月都會有災劫。

10. 有一些神父被發現曾利用職權強姦他們轄下的修女。有人在報章上這樣為那些神父辯護：「我們並不應怪責那些神父。因為神父並不是聖人，他們也有性需要。要怪就怪天主教規定神父禁慾的制度好了。」

11. 普通朋友之間不可以有性行為，因為性行為並不是普通朋友之間應有的行為。

12. 香港自九七之後，英語水準大降。因此，現時機場交通控制人員的英語水準亦自然是大不如前。

挑戰題

名作家魯迅（1881-1936）經常與人辯論，但他發現很多人的辯論中充斥着各式各樣的謬誤，尤其是很多建基於愛國情緒而不是理性思考的爭辯。他曾經把人們常犯的謬誤濃縮為一小段文字，此段文字幾乎句句都涉及邏輯謬誤，值得引出來與大家奇文共賞。請將以下一段話分成多個論證，再逐一指出是何謬誤。

> 你說甲生瘡，甲是中國人，你就是說中國人生瘡了。既然中國人生瘡，你是中國人，就是你生瘡了。你既然也生瘡，你就和甲一樣。而你只說甲生瘡，則竟無自知之明，你的話還有甚麼價值？倘若你沒有生瘡，是說誆也。

賣國賊是說謊的，所以你是賣國賊。我罵賣國賊，所以
我是愛國者。愛國者的話是有價值的，所以我的話是不錯
的，我的話既然不錯，你就是賣國賊無疑了！[5]

5　魯迅，〈論辯的靈魂〉，《華蓋集》（1925）。《魯迅全集》，北京：人民文學出
　　版社，1996 年，第三卷，頁 29-30。

第 9 章
涉及概率的思考

在日常生活中，我們的判斷和推理很多時涉及概率。例如我們說巴西足球隊的球技高於阿根廷隊，並不是說巴西隊與阿根廷隊比賽一定可以取勝；而是說巴西隊比阿根廷隊有較大的勝出機會。又例如我們獲悉一間核電站操作一年出嚴重意外的機會是萬分之一，我們可以據此推斷全國 50 間核電站在 30 年內發生嚴重意外的機會。

　　若我們對概率的基本概念不清楚，日常生活要作出涉及概率的判斷或推理的時候，會很容易出錯而不自知。

9.1 概率釋義

概率（probability）是指一件事發生的可能程度，通常以數目 0 至 1 來表示。0 表示完全沒有可能發生；1 表示絕對肯定會發生；0.5 則表示發生和不發生的可能程度相同。

假如一個布袋中有三個球，兩個黑色一個白色。我們隨機從布袋取出一個球，球是甚麼顏色的呢？這裏共有兩個可能性（possibility），但兩個可能性的概率 —— 也就是可能的程度（probability）—— 並不相同。取得黑球的概率比較取得白球的概率為大。

9.2 概率的由來

一件事發生的概率是如何得出來的呢？基本上，決定概率的方法有兩種。一種是先驗的（a priori）；另一種則是經驗的（empirical）。

先說先驗的辦法。我們可假定相對稱的事件有同樣的可能程度。例如在上例中，布袋中有三個球，抽到任何一個球是同樣可能的。三個球之中只有一個是白色的，所以抽到白色球的概率是三分之一。三個球之中有兩個是黑色的，所以抽到黑球的概率是三分之二。

我們用的是簡單的枚舉法，公式如下：

$$\text{一件事件發生的概率} = \frac{\text{發生該件事件的可能次數}}{\text{所有有可能發生的事件的總數}}$$

在上例中，

$$取得黑色球的概率 = \frac{取得黑色球的可能次數}{所有有可能發生的事件的總數}$$

$$= \frac{2}{3}$$

同樣道理，一粒骰子有六面，六面可說都是對稱的（symmetrical）—— 在隨機拋擲時，六面都有同樣的可能程度向上，所以六面其中特定的一面（比方說 ::）向上的概率是 1/6。但若我們擲的不是一粒骰子，而是一個公事皮箱，皮箱其中特定的一面向上的概率是多少就不能夠用先驗的方法來決定了。公事皮箱亦有六面，但我們卻不可以說其中一面向上的概率是 1/6，因為皮箱的六面並不是對稱的 —— 一些面是比另一些面更可能在隨機拋擲後向上的。

要知道皮箱某一面在隨機拋擲後向上的可能程度有多大，我們得用經驗的統計法。我們可將皮箱拋擲多次，看看其中有多少次是特定的一面向上的。我們從統計過去一件事所發生的百分比，而推定將來同類事件發生的百分比亦是差不多的。

例如，根據不少地方的統計，生男的概率都比生女大，約在 0.51 左右。說生男孩的概率是 0.51，而生女孩的概率是 0.49，就是根據過去生男生女的比例而得出來的。

這一類的概率便是藉經驗的方法得出來的。

9.3　一些計算概率的公式

當我們知道一些事件發生的概率，我們可以根據那些事件的概率推出其他事件的概率。

以下我們用 P(A) 表示 A 這件事件發生的概率：

P(not A) = 1 − P(A)

如果 A 發生的概率是 P(A)，那麼 A 不發生的概率便是 1 − P(A)。如果明天下雨的概率是 0.3，那麼明天不下雨的概率便是 1 − 0.3，也就是 0.7 了。

我們亦可以從 A 不發生的概率求得 A 發生的概率：

P(A) = 1 − P(not A)

如果 A 和 B 是獨立的事件（independent events），A 和 B 兩件事件都發生的概率等於 A 發生的概率乘以 B 發生的概率：

P(A and B) = P(A) × P(B)

所謂 "獨立的事件"，是指兩件事可以獨立發生 —— A 發生時，B 可以發生，亦可以不發生；B 發生時，A 可以發生，亦可以不發生。其中一件事發生與否，並不會影響另一件事發生的概率。

例如，明天下雨和後天下雨便是獨立的事件。可以明天下雨而後天不下雨，亦可以後天下雨而明天不下雨，當然亦可以兩天都下雨或兩天都不下雨。

假如明天下雨的概率是 0.3，後天下雨的概率是 0.4，那麼明天和後天兩天都下雨的概率是：0.3 × 0.4 = 0.12

如果 A 和 B 是互相排斥的事件（mutually exclusive events），則 A 或 B 發生的概率等於 A 發生的概率加上 B 發生的概率：

P(A or B) = P(A) + P(B)

所謂 "互相排斥事件"，是指兩件事不能同時發生。即如果 A 發生，B 就不會發生；如果 B 發生，A 就不會發生。以上的公式只適用於 A 和 B 是互相排斥的事件的時候。

　　以下的推論是錯誤的：明天下雨的概率是 0.3，後天下雨的概率是 0.4，所以明天或後天下雨的概率是 0.3 + 0.4，也就是 0.7 了。

　　若按以上的推理方式，假設明天下雨的概率是 0.5，後天下雨的概率亦是 0.5，則明天或後天下雨的概率豈不是等於 1 ？這豈不是說明天或後天必會下雨？假設明天下雨的概率是 0.6，後天下雨的概率是 0.7，則明天或後天下雨的概率豈不是等於 0.6 + 0.7，也就是 1.3 ？大於 1 的概率是沒有定義的，得出這樣的結論只說明了我們的推理出了錯誤。

　　明天下雨和後天下雨是獨立事件，但並不互相排斥。應該用以下的公式計算出明天或後天下雨的概率：

P(A or B) = 1 − [P(not A) × P(not B)]

由於明天和後天下雨並不互相排斥，其概率不可以相加。
明天不下雨的概率 = 1 − 0.6 = 0.4
後天不下雨的概率 = 1 − 0.7 = 0.3
明天或後天都不下雨的概率 = 0.4 × 0.3 = 0.12
明天或後天最少有一天下雨的概率 = 1 − 0.12 = 0.88

9.4 一些計算概率的例子

1.計算圍骰的概率

圍骰可以在六種情況之下出現，即圍1(三顆骰子都是1)、圍2、圍3、圍4、圍5和圍6。此六種情況是互相排斥的，故其概率可以相加。

P(圍骰)
= P(圍1 or 圍2 or 圍3 or 圍4 or 圍5 or 圍6)
= P(圍1)+ P(圍2)+ P(圍3)+ P(圍4)+ P(圍5)+ P(圍6)
= (1/6 × 1/6 × 1/6) × 6
= 1/36

2. 假定生男與生女的概率是相同的，計算生三名孩子其中至少有一個男孩的概率。因為只有在三個孩子都不是男孩的情況下才會是全部生女孩，所以：

三個孩子都不是男孩的概率 = 1/2 × 1/2 × 1/2 = 1/8
三個孩子中至少有一個男孩的概率 = 1 − 1/8 = 7/8

3. 玩飛行棋，擲到6可以起飛。那麼連擲六次都擲不到6的機會有多大？

一次擲不到6的機會是5/6，連續6次都擲不到6的機會是$(5/6)^6$，也就是0.335。

4. 三個槍手同時向"城市獵人"孟波開槍。第一個射中的機會是3/5；第二個射中的機會是3/10；第三個命中率僅為1/10。問：孟波被打中的機會有多大？

（按：三個槍手命中孟波與否並不是互相排斥的，故三人中有人射中孟波的概率並不等於三人分別射中孟波的概率的總和。）

第一個槍手射不中的概率 = 2/5
第二個槍手射不中的概率 = 7/10
第三個槍手射不中的概率 = 9/10
三個都射不中的概率 = 2/5 × 7/10 × 9/10
= 126/500
三個中有人射中的概率 = 1 – 126/500
= 374/500

5. 美國政府 1975 年發表研究核電風險的《拉斯馬森報告書》（Rasmussen Report），計算每年每個核電站發生嚴重意外（核心溶解，core-melt accident）的概率是 1/17000。試計算全美 65 間核電站在 30 年內發生嚴重意外的概率。

一間核電站在一年內沒有意外的概率
= 1 – 1/17000
= 16999/17000
65 間核電站在 30 年內都沒有嚴重意外的概率
= (16999/17000) $^{65 \times 30}$
= 0.8916
65 間核電站在 30 年內有嚴重意外的概率
= 1 – 0.8916
= 0.1084

9.5 對概率的錯誤估計

由於一般人欠缺對概率計算的基本能力，每每在日常生活中過高或過低地估計一件事發生的概率。

1."四個人首次見面，如果其中有兩人同一星座，是不是太巧了？"

我們或許會認為，星座共有 12 個，現在只有 4 人走在一起，其中有 2 人是同一星座的機會應該不會太大，大概是三分之一的機會吧！

這樣想就錯了。在四個人中，第一個人可能是 12 個星座的任何一個；第二個人要與第一個人屬於不同的星座，則第二個人只能屬於餘下的 11 個星座的一個；第三個人若與第一及第二個人都不同星座，則他只能屬於餘下的 10 個星座的一個；第四個人若與頭三個人都不同星座，則他只能屬於餘下的 9 個星座中的一個。故此：

四個人中沒有任何人有相同星座的概率
$= 11/12 \times 10/12 \times 9/12$
$= 0.573$
四人中有人有相同星座的概率 $= 1 - 0.573$
$= 0.437$

2."一班同學 40 人，當中有兩人同一日生日的可能性極低（約 40/365 吧！），所以如果我們班上竟有此情形，就很稀奇了。

事實上 40 人中有 2 人（或以上）同一日生日絕不稀奇。相反，沒有才是稀奇的呢！ 40 人中有 2 個人同一日生日的可能程度接近

1. 我十分喜歡香港的生活。

2. 這裏美女如雲，在每平方尺上碰上美女的機會高於其他地方。

3. 衝呀！

4. ……或許是因為這裏每平方尺的人較其他地方都多！

錯誤理解概率

九成。有數為證：

　　（1）在 n 個人中沒有兩個人有相同生日的可能程度

　　　　$= 365/365 \times 364/365 \times ... (365 - n + 1)/365$

　　　　$= 365 \times 364 \times ... (365 - n + 1)/365^n$

（2）在 n 人中至少兩個人有相同生日的可能程度 *

$$= 1 - 365 \times 364 \times ... (365 - n + 1)/365^n$$

$$= 1 - 365!/365^n \times (365 - n)!$$

按照上述的算式，我們可以求出在 40 人中有 2 人有相同生日的概率是 0.8912。

在場人數	其中兩人同一日生日的概率
2	0.0027
5	0.0271
10	0.1169
20	0.4114
23	0.5037
30	0.7063
40	0.8912
60	0.9941
70	0.9992
366	1.0000

3. "在買大小的賭博中，一連開多次大的機會很微。"

若指定由某次開始，連開數次大，機會是很微的；但在多次中（例如 100 次），其中有連開數次（例如 6、7 次）大或小的情況的機會是很大的。

4. "按照機會率，若賭博是公平的，賭博久了，應該大家都沒有甚麼輸贏。但事實上的情況往往是旺者越旺，越贏越多。所以賭博的贏輸是很玄妙的，並非數學所能解釋。"

在公平的賭博中一人領先，他繼續領先的機會是較其他人趕上的機會為大的。故贏者繼續贏並非不合概率。若擲毫的次數極多，公與字的比例會逐漸逼近 1:1。但差別的次數可能會越來越大。例

---

* "365!" 的意思是 365 × 364 × … × 1，稱為 365 的階乘（factorial）。

如擲毫 100 次，公可能出現 55 次，比例是 55:45，公字的差別是 10 次。若擲毫 1,000 次，公可能出現 530 次，比例是縮小了，變成了 530:470。但公字差別的次數卻是增加了，變成 60 次。

5. "相士在年初預言，今年內我國政壇會有政要發生醜聞。結果真的發生了，可見這個相士靈驗得很。"

如果預言的時候是指定某人，機會自然很小。但我們若考慮到政要的人數，政要有醜聞的比例，及政要有醜聞被發現的機會，則在一年之內，在眾多的政要之中，有人被揭發醜聞的機會是不低的。又例如傳教士在電視上說他藉着神的力量令電視旁的某位觀眾的某種病痊癒，考慮到電視旁觀眾的數目，其中有人有或大或小的病痛，在節目中的一段時間感覺得好轉的概率是不小的。總而言之，預言越含混（vague），説中的機會就越大。

6. "投資顧問對我的建議一連六次都對，所以他是'有料'的。"

我們先要知道你的投資顧問總共向多少人作了多少個建議，其中又有多少個建議是正確的，才可以決定你的顧問是否"有料"。他對你的六次正確建議，並不是隨機抽樣而得，故説明不了甚麼。

試考慮以下的例子：你向 32,000 人發信，胡亂地向其中一半人作投資建議，向另外的一半人則作出相反的建議。一星期後，只向其中作出正確建議的人發信。如是者六次，六個星期後便有 1,000 人曾連續六個星期接到你的英明建議了！你可以向他們發第七封信，説你已向他們作出六次正確建議，若要繼續收到"正料"，請附上 2,000 大元。假若有一半人回信，你就可以賺取你的第一個 100 萬了！（嚴重警告：如果你懂得概率，有計劃地以上述方法斂財，屬於行騙，是犯法的。然而，若你不懂概率，自以為是，向客人亂給建議，則又不算犯法。你甚至可以期望有一半人會回頭，大讚你有真才實學，向你介紹新的顧客，這樣你便不愁衣食了。）

摘要

- 概率是一件事發生的可能程度，以數目 0 至 1 表示。0 表示完全沒有可能發生；1 表示絕對肯定會發生；0.5 則表示發生和不發生同樣可能。

- 如果一件事的可能狀態是對稱的，則每一個可能狀態出現的概率是相等的。但如果各個可能狀態並不是對稱的，則有賴於統計才可以得出每一個可能性的概率。

- 如果 A 和 B 是獨立的事件，可依下式求得 A 和 B 兩件事都發生的概率：

  P(A and B) = P(A) × P(B)

- 如果 A 和 B 是互相排斥的事件，可依下式求得 A 或 B 其中一件事發生的概率：

  P(A or B) = P(A) + P(B)

- 如果 A 和 B 是獨立事件，但並不互相排斥，可依下式求得 A 和 B 中最少有一件事會發生的概率：

  P(A or B) = 1 − (P(not A) × P(not B))

:: 練習題

1. 一個家庭有四個子女，男女人數相等的機會有多大？
2. 試批評以下的推理：
    a. "六合彩這麼難中亦一樣有人中，所以概率低的事一樣很有可能發生。"
    b. "捐精人的精子用十次，亂倫的機會是三十萬分之一。因此，如果有一萬人捐精，其中有人亂倫的機會是三十分之一。"
3. 根據統計顯示，多數汽車意外是在以一般速度行駛時發生的，只有少數汽車意外是在時速 100 公里以上行駛時發生的。這是否表示開快車比開慢車更安全？
4. 我玩 Scrabble 遊戲時，隨手將八張字母牌豎起，竟發覺其中有一個有意思的字，這是否太不可思議了？莫非是上天給與我的啟示？
5. 一個社會重男輕女，若生了男孩，就不再生；若生了女孩，就再生下去 —— 不生男孩誓不罷休。這個社會男女的比例會否失去平衡？

第 10 章
涉及統計的思考

翻開報章，舉目可見不少統計數字，諸如：

"五成半被訪者認為 **XXX** 應辭任特首，反對者則佔百分之三。"

"灣仔區今年度入屋爆竊比去年上升近一成。"

"**XX** 大學每平方米的建築成本是 11,434 元。"

"由乙型肝炎演變成肝癌的病患者，約佔全港肝癌患者的八成半。乙型肝炎帶菌者患上肝癌的機會比普通人大 100 倍。"

縱使作為普通市民，我們不必從事統計工作，不必對統計學有深入的認識，但是我們在日常生活中無可避免會接觸不少統計數字，缺乏這方面的基本概念，便不能對這些統計數字所代表的資訊作出正確的了解，和根據這些資訊作出明智的決定。換句話說，縱使我們不知道如何去做統計，我們亦要知道如何去理解統計結果。本章要做的是從消費者而不是生產者的角度去討論統計，介紹作為一個統計資訊的消費者需要具備的基本概念。

:: 熱身練習

試回答下列問題：

	是	否

1. 某爵士指出甲大學每平方米的建築成本是 11,011 元，乙大學的則是 11,434 元。這是否足以證明乙大學並沒有超支？ □ □

2. 今年月餅的生產成本增加了 15%，售價只增加 10%。這是否表示今年月餅利潤（以盒計）比去年減少了？ □ □

10.1 統計學是甚麼？

統計學是一門研究數據搜集、組織及解釋的學問。根據這個定義，統計學研究的範圍包括三個部分：

- 搜集數據
- 組織數據
- 解釋數據

以下且以調查電視節目的收視情況為例，逐一說明這三部分。要知道《歡樂今宵》有多少觀眾收看，我們要怎樣調查呢？逐戶拜訪似乎不切實際，向電視週刊的讀者發問卷並不能作準，因為電視週刊的讀者會有較多比例看電視，並且看的多是無綫電視台。到底要怎樣選取調查對象才算有代表性，這就是第一部分搜集數據時要研究的。

假設我們選取了十萬戶人家，記錄了他們在某一個時候有沒有收看《歡樂今宵》。我們計算其中收看電視的人數，又計算其中看《歡樂今宵》的人數，然後又由收看《歡樂今宵》的人數與收看電視人數的比例，計算出《歡樂今宵》的收視率，所做的便是第二部分組織數據的工作。

假設我們統計出在某一天有 60% 的觀眾看過《歡樂今宵》，這是否表示看《歡樂今宵》的觀眾比看其他節目的觀眾多？答案是 "否"，因為看過《歡樂今宵》的人不一定是由頭到尾都看《歡樂今宵》的，有一部分人可能看一會兒《歡樂今宵》又看一會其他節目，所以有 60% 的觀眾看過《歡樂今宵》並不表示看其他節目的觀眾只有 40%。以上討論 "有 60% 的觀眾有收看《歡樂今宵》" 的含義，便是屬於第三部分解釋數據的工作。

10.2 不當的資料搜集方式

搜集資料的方式可以分為普查（complete enumeration survey）和抽樣調查（sample survey）。普查是對研究對象全體（統計學的術語稱為 population）逐一查考其相關特性。抽樣調查是從研究對象中選取若干個樣本（sample）作為代表，由樣本具備某些特性而推斷全體（population）亦具有那些特性。

抽查在很多情況下都是必要的。一批爆竹中有多少是燃不着的，如果我們逐一試驗，就沒有爆竹可以用來出售了。我們只能從部分爆竹燃不着的百分比，推論到全體爆竹中燃不着的百分比。美國大選有多少人會繼續支持民主黨候選人，如果進行普查，縱使動員 1,000 人，每人每天訪問 200 人，也要做數年才能完成，到時得到統計結果亦沒有甚麼意思了。

選取的樣本要有代表性，便要合乎兩個條件：

1. 樣本是隨機選取的

所謂隨機（random）意思是指全體的每一個成員都有相同的機會被選為樣本。如果樣本不是隨機的，則樣本的特性同時是全體的特性的可能性便不高。例如，想知道圖書館書籍的平均價錢，翻查同一間出版社出版的書籍，由此而得出的平均價錢是沒有代表性的。這類樣本被稱為有偏差的（biased）。

2. 樣本的數量有足夠大（sufficiently large）

如果圖書館有藏書十萬本，你只從其中選兩本，縱使所選的樣本是隨機的，樣本的特性亦不能代表全體的特性。至於問，要多大數量的樣本才算是足夠大，當然沒有一定的標準。縱使樣本很大，只要不等於全體的數目，其特性仍然有可能與全體的特性有差別。但統計學可以告訴我們，如果全體有十萬個，要選取多少個隨機樣本才可以將錯誤的可能性減至百分之五，或你所要求的其他程度。

說選取的樣本要隨機，好像是很簡單的要求，但實行起來卻不容易，以下要談的是一些選取樣本時常犯的錯誤。

1. 選擇樣本時不同類的個體獲選的機會並不均等

例如在中環街頭做訪問，經過的人每 50 個抽取其中一個做訪問，好像是很隨機的，但其實並不然。採用這個方法選取樣本，諸如的士司機、工廠工人、大專講師、家庭主婦等類別的人並沒有足夠的代表。

2. 回應者是自我選擇的（self-selective）

發出的問卷很多都得不到回覆。如果只是某類人才會回覆問卷，則回覆問卷的人亦不足以代表全體。例如：英國曾有調查，大學程度的男女中，有 33% 從沒有聽過公制是甚麼。一份雜誌亦作出調查，宣稱其讀者中有 98% 對公制有認識，由此可見其讀者程度之高。實際的原因可能是，不認識公制的讀者，根本不會回答這份問卷。這樣的統計結果，自然是發現認識公制的佔絕大部分。如果你發問卷調查有多少人願意花時間回答問卷，我敢說你收回的問卷大部分都是說願意的，但你可以由此推斷大部分人都願意花時間回答問卷嗎？

3. 抽取多個樣本，但只根據其中一個樣本作推斷

有一些口腔清潔用品的研究報告是有取巧成分的。例如要測試用了某牌子的漱口水比單用牙膏刷牙更能減少牙周病，方法是只選

12 人用該隻牌子的漱口水一段時期，看看是否比另一組 12 人有更少的牙周病。如果是的話可以發表研究結果；如果否的話，可以再找一組人再做一次。如是者重新再做實驗，直至理想的結果出現。選擇樣本既少，又作出多次嘗試，其中有一次得出顯著的差別並不出奇，可能只是由於其他原因而不是採用該隻牌子的漱口水的緣故（例如剛巧那一組特別多用心清潔牙齒的人）。

除了選取樣本不隨機外，亦有其他的原因造成搜集到的資料不可靠，諸如：

1. 問及敏感問題，被訪者很可能不老實作答

例如問："你一天刷幾次牙？"、"你的月薪是多少？"、"你年齡有多大？"、"你看多少份雜誌？"，被訪者每每會為了面子而不老實作答。因此這類敏感問題的答案不能作準。

2. 所問內容難以計算，被訪者只能隨意作答

有時被訪者並非蓄意隱瞞，他其實對答案亦不清楚。例如問："過去一年你看了多少部電影？"被訪者的答案與實際的數目可能相差很遠，不足為據。

3. 問題有引導作用，引起被訪者的情緒反應

例如問："你認為政府是否應為保護兒童修訂法例，懲罰一些將兒童單獨留在家中的不負責任的家長嗎？"你既激起了他對"不負責任的家長"的痛恨，自然較容易得到他們的贊成，換了另一個問法得來的答案可能就很不同了。

4. 複雜問題（complex question）

將一個以上的問題併合在一起問，被訪者可能因為肯定一點而肯定全部，亦可能因為否定一點而否定全部。例如問："新任政府應該支持民主派、加快民主步伐、促進安定繁榮。你同意嗎？"如

果被訪者同意其中一點或兩點而不同意其他，就不知怎樣答好了。

5. 一些不知因素（unknown factor）干擾訪問結果

百事可樂曾做一個實驗，比較人們喜歡百事可樂與喜歡可口可樂的程度，他們將百事可樂用 "M" 字標記，可口可樂用 "Q" 字標記，結果發現多數人喜歡喝用 "M" 字標記的那一杯汽水，百事可樂公司由此推論純粹憑味覺而不看牌子，人們較喜歡喝百事可樂。可口可樂公司不服氣，重做這個實驗，發現人們仍多選擇以 "M" 字標記的汽水。人們之所以選擇百事可樂，可能只是因為對 "M" 字有較大的好感。

10.3 統計結果的表達

統計的其中一個作用，是將一大堆資料，整理為少數的數字。通過這些數字，我們可以對整體資料有一個概括的印象，從而收到以簡馭繁的功效。但要注意的是，將一大堆資料整理為少數的數字，無可避免要讓一部分內容流失。我們要清楚知道統計結果表示甚麼和並不表示甚麼，才能正確理解統計結果而不被誤導。

1. 總數（total）

對一堆資料的一個最簡單整理是統計其總數。計算總數可以分為以下兩大類：

（1）數算一個類別中合乎某個條件者的數目

假如我們有一堆中國選手在 2016 年奧運取得獎牌的資料，如孫揚得 200 米自由式金牌、何姿得 3 米彈板跳水銀牌。我們要知道中國得到金牌的數目，只要逐項檢查資料，遇到是獲得金牌者便加一，最後得出的便是金牌的總數。

（2）將同一變項（variable）的各個值（value）加起來

假如我們有一堆職員資料，記載職員的姓名、地址、職位、薪金等。要知道全部職員薪金的總數，將薪金一項中的數目逐一加起來便成。

2. 比率（ratio）

比率可以是指部分與整體的比例，例如說教育佔了政府開支的若干分之一；亦可以是指一個類別與另一個類別的比例，例如學生與教師的比例。

在一些情況下要比較，用比率比用總數更為恰當。例如 2015 年全港罪案總數是 66,439 宗，這個數目是多是少呢？假如我們將這個數目與日本的罪案總數比較，發覺日本的罪案總數比香港的多得多，又能表示甚麼呢？日本的人口比香港多很多，罪案總數自然亦應比香港多。在這個情況下，如果我們以兩地的人口與罪案的比率作比較會較為適合（例如說平均每千人有多少宗罪案）。

3. 百分比（percentage）

如果兩個比率的基數不相同，並不容易作出比較。例如 3/13 與 2/9 哪一個較大呢？答案並不容易一眼就看出來。如果我們將基數化為 100，比較起來就容易得多了。3/13 大約是 23/100，也就是 23%，2/9 大約是 22/100，也就是 22%。所謂 "百分比"，即以一百為基數的比率，5% 也就是百分之五，也可以說為 5 個百分點。

百分比亦可以有兩種用法：

（1）與整體作對比

例如，美國婦女在某年自置汽車的比例是 49%。這就是說，如果將美國婦女分為一百份，有自置汽車的佔其中的四十九份。與整體作對比的百分率不可能超過一百。

（2）與另一個數據作對比

例如，俄羅斯某日的麵包價格比起上一日開放價格前上升了百分之二百（例如由 0.68 盧布上升至 2.04 盧布）。這就是說，如果將某日的麵包價格分為一百份，翌日的麵包價格就相當於 300 份，也就是多了 200 份。與另一個數據作對比而構成的百分比，可以大於一百。

關於百分比以下幾點值得一提：

- 百分比的加減運算

樓價上升 30% 後，再回落 10%，並不等於較最初上升了 20%。上升 30% 是相於第一階段而言，回落 10% 則是相對於第二階段而言，由於是不同數目的百分比，所以不可以簡單地作加減運算。假設樓價初時是 400 萬，上升了 30% 即是上升了 120 萬，因此第二階段的樓價是 520 萬，之後回落 10%，也就是跌了 52 萬。因此第三階段的樓價是 468 萬，較最初的樓價上升了 68 萬，也就是上升了 17%。

如果一個總數由幾個部分相加而成，總數上升的百分比並不可以簡單地由各個部分上升的百分比相加而得出來。例如，以下的月餅商人的推理是不當的：

今年比起去年製餅師傅的人工增加了 10%-15%，月餅材料上升了 12%-14%，廣告費提高了 10%，因此生產的總成本至少增加了 32%，加價 30% 並不算多了。

事實上，縱使各項成本都增加了 20%，總成本也還是只增加了 20%。如果只是部分成本上升了 20%，則總成本的上升一定不足 20%。

- 比較的基數

比較的基數不同，結果當然亦有異。美國不少公司以 1961 年為比較標準，說明公司的進展緩慢，以便虛報公司的盈利，從而達到逃避交稅的目的。其實 1961 年經濟形勢大好，大部分的公司那一年盈利特高。又例如 1971 年美國總統尼克遜為了說明通貨膨脹的嚴重性，指出 11 月 17 日的油價比一週前的 11 月 10 日上漲了 16%。其實 11 月 10 日的油價正好是 1969 年以來最低的。

- 百分點與百分比變化率的混淆

如果利得稅由 20% 增加至 21%，可說為增加了百分之一，指的是稅款要多佔收入的百分之一，亦可以說為是增加了百分之五，指的是現在要交的稅款，比原來要交的稅款多百分之五。（假設收入是 100 萬，原本要交稅 20 萬，現在要交 21 萬，也就是多了 1 萬，1 萬佔原本要交稅的 5%，因此可說是多交了 5% 的稅。）前者指的是百分比的增加，後者指的是百分比變化率的增加。

去年盈利 2%，今年盈利 4%，說得低調一些是盈利增加了 2%，說得好聽一點是盈利率比去年增加了 100%。今年的失業率由去年的 2.7% 增加至 3.8%，說得好聽一點是失業率只增加了 1.1%，說得難聽一點是失業率增加了超過 40%。

- 忽視實際數目的百分比

港大學生報《學苑》舉辦最差教師選舉，音樂系的一位教師被多數投票的同學選為最差教師，實際上選他的同學只有五位。去年公司盈利 10 元，今年盈利 20 元，已可説盈利增長百分之百，如果只是看增長的百分比而忽略實際的數字，便會受到誤導。

4. 平均數（mean）

要知道一個學生的成績，我們固然可以將他的成績逐科排列出來，但將他的各科成績總結為一個平均數，具高度的概括性，可以有助於對學生成績有一個整體的印象，並且可以有助比較不同學生的高下。

一個各科成績參差的學生可能與一個各科成績平平的學生有相同的平均分。如果只看平均分，他們的個別差異便看不出來。這就是使用平均數的危險，我們要知道相同的平均數可作出不同的解釋，才不會被誤導。一間地產公司可能為了令客人覺得一個單位相宜，而説本區的住宅平均售價比這個單位貴百分之二十，其實本區住宅的平均售價之所以高，是因為區內有一些豪宅，客人現在考慮要購買的單位並不比區內同級的住宅便宜。

要正確地理解平均的含意，我們要注意：平均並不代表典型（typical）。世界上的人每人平均有一粒睪丸和一個乳房，但有一粒睪丸和一個乳房的平均人可説並不存在。平均亦不表示多數。美國一項統計顯示：平均一個家庭有人口 3.6 人。一些建築公司於是大量建造有兩個房間的房子，房子建好後卻售不出去，後來才知道，原來三或四人的家庭只佔少數：

1 至 2 人　　　　　35%

| 3 至 4 人 | 45% |
| 4 人以上 | 20% |

雖然一個家庭的平均人口是三至四人，但這並不表示多數家庭的人口是三至四人。

5. 眾數（mode）

眾數是指出現次數最多的一個數。當一個客人問酒店侍應："客人們通常給你多少小賬？"客人希望知道的就是眾數。假設有十個客人，其中一人給 1,000 元，三人給 100 元，四人給 50 元，二人給 10 元，那麼平均數是 152 元，眾數卻是 50 元。

6. 中位數（median）

中位數即一系列數值順序排列時佔中間位置的一個數。假設一間公司職員的薪金如下：$50,000 一人，$30,000 二人，$15,000 四人，那麼中位數便是 $15,000，即全部七人按薪金排列中間的一人的薪金數目。如果多加 $25,000 一人，則中位是介乎第四人與第五人之間，即 $25,000 與 $15,000 之間，所以是 $20,000。

如果在一系列的數值中，加入一些極大或極小的數值，中位數所受的影響每每較平均數小。例如在上例中，加入 $50,000 月薪一人，會令平均月薪大大增加，但對中位數的影響則不如此大。

房屋署建議增加公共房屋租金，如果租金根據住戶的平均收入計出，並不妥當，因為如果有相當部分住戶收入特高，會令人高估一般住戶的收入。房屋署將租金訂於住戶入息中位數的百分之十，可以保證有一半住戶交的租金不會多於他們入息的百分之十。縱使有少數的百分之幾住戶收入特高，他們對中位數的影響並不如對平均數影響那麼大。

10.4 圖表的運用

圖表是表達資料一個很好的方式，令資料更為一目了然，及令人更易作出比較。例如下圖中，哪一項最多，一眼便可以看出來了。

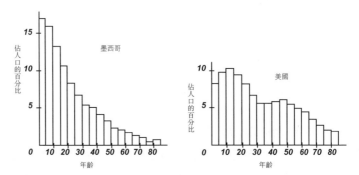

看圖表的時候，要注意圖表必須有刻度（scale）和單位（unit）。以下的一個廣告，企圖比較安你神（Anacin）與其他止痛藥的止痛能力，橫的坐標應是服藥後的時間，直的坐標應是止痛程度。但沒有刻度，哪裏是 5、哪裏是 10，並沒有說明。亦沒有單位，橫的

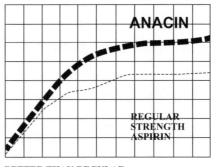

標度是以秒、分抑或小時為單位，至於止痛程度的單位是甚麼，就更叫人莫名其妙了。缺乏標度和單位，圖表便缺乏確切的含義。

此外，我們要留意一些製造錯誤視覺效果的編製圖表手法：

1. 略去圖表的下半部分並放大圖表的上半部分以收誇張之效

即所謂 truncated chart。例如以下一間保險公司的廣告，顯示該公司的回報率大大領先其他公司，但只要我們留心刻度，最高的一間公司與最低的公司相差亦不過是 7（％？）罷了。

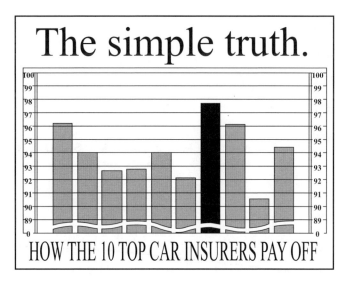

2. 將圖表橫直的比例改變以誇張或隱瞞差異的幅度

只要將直的坐標的比例拉長，便能製造出波幅很大的視覺效果；相反，只要將直的坐標的比例縮短，便能製造波幅不大的視覺效果。對於這種手法，我們的忠告仍是一句：不要只看圖表的形狀，要留意刻度。

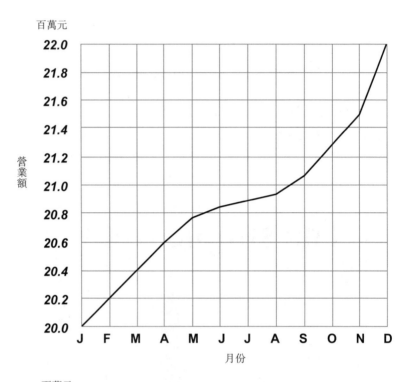

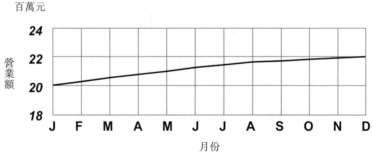

3. 以高度顯示數量，但同時改變闊度以造成錯誤的視覺效果

現時很多報紙和雜誌，為了畫面吸引，喜歡用不同大小的物件代表不同數值的大小。如果只是以高一倍的物件代表大一倍的數值並無不可，但如果在高一倍的同時，又把物件畫得闊一倍，且令人覺得深一倍，則整件物件給人的印象是等於另一件物件的八倍而不是兩倍。在以下的例子中，第一位報章的銷量是第二位報章的銷量的三倍多，但用來代表它的銷量的貨車卻比代表第二位報章銷量的貨車最少大數十倍。將四與一之比誇大為牛與蚊之比。

日報	The Times	The Examiner	The Register	The Daily News	The Press-Telegram
讀者數目	2,244,500	624,000	485,500	350,500	310,500

10.5 數據的比較

在比較數據時，有兩個原則要遵守：
（1）比較的應該是相同的東西；
（2）其他的各種相關條件、情況要一致。

1989 年《財富雜誌》（*Fortune*）刊出以下的資料：

	南韓	台灣	香港	新加坡
人均 GDP（美元）	3,436	4,837	8,158	8,817
識字率	92%	90%	88%	87%

這個表是否意味着人民的識字率越低，社會越富裕？問題是不同政府對識字有不同的標準，如果南韓對識字有較寬鬆的定義，則南韓有 92% 的識字率並不表示南韓識字的人比香港多。對兩個不同定義的識字率，並不能作出有意義的比較。

如果要比較兩隻牌子的麵包，以片為單位並不適合。縱使美美牌麵包每片的卡路里含量比其他任何牌子的麵包少，並不能說明甚麼，可能這只是因為美美牌麵包比其他牌子小片罷了。要在相關條件一致的情況下作比較，才能得出有意義的結果。

比較的基數不同，結果亦會有很大的差別。例如要說明油價漲幅不大，可以將現在的油價與過去十年內油價最高一日的油價作比較。

再舉另外一個不恰當比較的例子。某爵士為甲大學超支辯護，說甲大學每平方米建築成本是 11,434 元，與乙大學 11,011 元相差無幾，可見並沒有超支。然而，該爵士的比較不一定恰當。假設甲大學的總建築面積是 27 萬多平方米，其中包括 13 萬多平方米是教學樓面積，其餘 14 萬多平方米包括體育館、空曠地方。假設乙大學有 16 萬多平方米總面積，大部分是教學樓，只有一個約 2,000 平方米的公園。將甲大學建築物與空曠地方的面積加在一起，再將其平均建築成本與乙大學主要是建築物的平均建築成本比較，並不在比較相同性質的事物，因此並不恰當。

摘要

本章介紹作為一個統計資訊的消費者需要具備的基本概念。

- 統計包括以下三方面的工作：

  （1）搜集數據；

  （2）組織數據；

  （3）解釋數據。

- 搜集數據時可能會犯以下的錯誤：

  （1）選擇樣本時不同類的個體獲選的機會並不均等；

  （2）回應者是自我選擇成為樣本的；

  （3）抽取多個樣本，但只根據其中一個樣本作推斷；

  （4）問及敏感問題，被訪者很可能不老實作答；

  （5）所問內容難以計算，被訪者只能隨意作答；

  （6）問題有引導作用，引起被訪者的情緒反應；

  （7）將多個問題混在一起提出；

  （8）讓一些不知因素干擾訪問結果。

- 除總數、比率、百分比外，尚介紹了以下三個概念：

  （1）平均數：即一系列數值的總值除以該系列數值的數目
  　　　而得出的數值；

  （2）眾數：即一系列數值中最常出現的一個數值；

  （3）中位數：即將一系數值按大小排列起來時佔中間位置
  　　　的數值。

- 統計結果可以用圖表表達，看圖表時要小心免被以下的手法誤導：

  (1) 略去圖表的下半部分並放大圖表的上半部分以收誇張之效；

  (2) 將圖表橫直的比例改變以誇張或隱瞞差異的幅度；

  (3) 以高度顯示數量，但同時改變闊度以造成錯誤的視覺效果。

- 在比較數據時，要遵守以下兩個原則：

  (1) 比較的應該是相同的東西；

  (2) 其他的各種相關條件、情況要一致。

:: 練習題

1. 周星星的片酬比鄭嘟嘟多 50%，葉卿卿片酬亦比周星星的片酬少 50%。問：鄭嘟嘟與葉卿卿哪一個的片酬高？

2. 指出以下的説法有何錯誤：
   "大象牌紙尿片的吸水能力比任何其他牌子多 50%，因為大象牌紙尿片有兩層，別的牌子只得一層。"

3. 有人統計近十年全美國歸依天主教的人數。方法如下：全美當時約有 18 萬位教士，統計者向其中 25,000 人發出問卷，共有 2,219 人作出回應，他們在近十年共帶領了 51,361 人入教。統計者由此推斷，在近十年共有 4,144,366 人歸依天主教。問：這個統計者的推斷是否可信？

4. 以下的圖表有何誤導的成分？

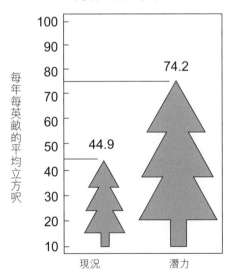

商業用森林的成長

資料來源：U.S. Forest Service.

5. 批評以下的推理：

"公司去年的生產成本增加了 15%，而產品的售價只增加了 10%，因此去年利潤減少了 5%。"

第 11 章
猜想與檢驗

對於科學規律的發現有一個通俗的看法，這個看法認為科學家首先要做的是客觀地及系統地觀察及實驗以搜集事實。然後運用歸納法，由搜集到的事實求出普遍規律，再根據所求得的規律作出預測。如果預測經過反覆多次的測試都成功，則所發現的規律便算是被確立了。

按照這種看法，理想的科學研究是純客觀的，猜想在科學研究中沒有甚麼重要。一個好的科學家應該純粹根據事實，避免猜想。

在本章中，我將指出以上的看法是錯誤的。猜想在科學研究中是必要的，如果沒有任何猜想，科學家根本不能決定甚麼事實值得觀察及紀錄。

:: 熱身練習

可檢驗　　不可檢驗

1. 根據風水學改變居住環境後，有不少人一帆風順。仍然倒霉的人亦有，但風水其實亦已幫了他們，因為如果不是根據風水學改變了他們的居住環境，他們的際遇會更差。　　☐　　☐

2. 物種是由簡單逐漸演變為複雜的。年代久遠的地層會被年代較近的地層掩蓋，因此地層底部的化石比地層表面的化石簡單。　　☐　　☐

答案：
主張 1：不可檢驗。
主張 2：可檢驗。

11.1 猜想在科學研究中的必要性

世事萬象紛紜，如果不先作一猜想，根本不可以有進一步的研究。科學的起源並不是來自資料搜集，而是來自問題的發現，及對問題答案的猜想。如果沒有掌握問題，或對問題的答案沒有一個猜想，則科學家永遠無法決定甚麼資料是值得搜集的。如果沒有猜想，則進一步的科學研究便沒有方向。

現在有人要研究癌症的成因，方法是大量地客觀地搜集資料。我們先不猜想甚麼是與癌症的形成有關，先向一大班人（例如中國某個省份數以萬計的人）詢問所有個人資料，例如飲食、健康狀況、生活習慣，一一記錄在案，並且輸入電腦。若干年後，再看看我們詢問過的人當中，有多少人患了癌症；看看這些患了癌症的人有甚麼共同的地方（或大部分有甚麼共同的地方），是其他沒有患癌症的人身上所沒有或較少見的。

表面上看來，以上的方法似乎十分客觀，猜想在當中似乎完全無用武之地。但其實縱使以上的例子裏，在搜集資料的過程中已經無可避免地（其實亦毋須避免）作了猜想。搜集資料的人會不會問被訪者是單眼皮還是雙眼皮的？用左手還是用右手？喜歡甚麼顏色？為甚麼搜集資料的人問被訪者喜歡吃甚麼食物而不問被訪者喜歡甚麼顏色呢？這豈不是因為搜集資料的人假定了生癌可能和飲食習慣有關，但並不和顏色的喜好有關？難道這不是一個猜想嗎？

當然，在上例中作出的猜想是很平凡的（trivial）。大多數的情況下，科學研究需要有較具創意的猜想。

11.2 猜想的重要性示例

　　以下我們將舉出一些事例，旨在說明在科學研究中，猜想引導了我們下一步觀察的方向。

　　在 1844 至 1848 年間，維也納綜合醫院第一產科的醫生伊格納茲・塞麥爾維斯（Ignaz Semmelweis）發現了一個令人擔憂及大惑不解的現象 —— 第一產科與相鄰的第二產科因染上產褥熱（childbed fever）而致死的產婦人數，竟然有很大的差別。（Hempel, 1966: 3-6）

	1844 年	1845 年	1846 年
第一產科	8.2%	6.8%	11.4%
第二產科	2.3%	2.0%	2.7%

　　究竟是甚麼原因導致產褥熱這種疾病呢？為甚麼第一產科的發病率及死亡率比第二產科高出那麼多呢？應該採取甚麼措施才可以改進第一產科的惡劣情況呢？如果不作出任何猜想，我們實在找不到進一步探討以上問題的方向。

　　當時有人提出，產褥熱可能是一種流行性傳染病，但塞麥爾維斯醫生認為流行病應該流行於一個地區，而不會只是在一個病房內流行。更難以解釋的，是一些孕婦由於趕不及到醫院，迫於在途中生產，她們染上產褥熱的百分比竟然顯著地比第一產科的孕婦低。

　　有人又提議，可能是因為第一產科的居住環境較第二產科擠迫。這個說法亦不符合事實。根據進一步的觀察，證實第二產科的環境比第一產科惡劣。不少孕婦因知道第一產科的死亡率較高，要求轉到第二產科，反造成第二產科嚴重擠迫。

有人又猜想可能是膳食造成的問題。有了這個猜想，我們才會特意地去留意病人的膳食。"事事關心"其實並不可能。例如我們不會去觀察第一產科的孕婦是否有較多人有雙眼皮。當時的人們在細心比較兩個產科病房的膳食後，卻看不到任何明確的分別。互相交換膳食後也不造成任何影響。

又有人提出問題可能是由於對病人的照顧有所不同造成的。但細心研究後，並沒有發現兩個產科對病人的照顧有何不同。

1846 年，一個調查委員會將原因歸結為醫科學生對產婦的粗暴檢查所造成的傷害，而所有醫科學生都是在第一產科受訓的，第二產科則只訓練助產士。塞麥爾維斯醫生否定了這一觀點，他指出：分娩過程對產婦造成的自然傷害比粗暴檢查造成的傷害嚴重得多，而且，在第二產科受訓的助產士的檢查方式，與第一產科的醫科學生所做的並沒有分別。

既然找不到原因，人們開始懷疑可能是心理因素造成的影響。人們發現第一產科的末期病房沒有獨立的門戶，為末期病人祝福的神父要穿過第一產科的五個病房才可以到達末期病房。為神父引路的小童會不斷搖動一個小鈴，這些舉動可能會令到病人蒙上心理陰影而變得虛弱。塞麥爾維斯醫生決定對這一個主張進行測試，他請神父繞過病房進入末期病室，並且不要搖鈴，但死亡率並沒有因此而下降。

又有人想到當時的一個爭論，即仰臥抑或側臥生產兩種方式哪種較佳。他們發現第一產科和第二產科的產婦的生產姿勢並不一樣，第一產科是仰臥分娩，第二產科則是側臥分娩。塞麥爾維斯醫生覺得這個説法很荒謬，但苦無其他辦法。據他説，他當時"就像一個快要淹死的人抓住一根稻草那樣"，顧不了是否有用，只管試試再說。他決定檢驗一下這個想法，於是着令第一產科的產婦改用側臥生產，但仍然沒有減少產婦的死亡率。

終於，一件想不到的事情發生了。一位醫生不小心被解剖刀割傷手指，不久便死去，死前有產褥熱的症狀。及後查得該解剖刀為一醫科學生所有，之前曾用作解剖屍體。

塞麥爾維斯醫生於是有以下的猜想：那位醫生只割傷一隻手指便死去，當然不是因為受傷過度，大抵是因為手術刀污染了他的血，他是死於血液受到污染。按照這個想法，第一產科的產婦亦是死於血液受到污染。是誰令到她們的血液受到污染呢？應該是那些醫生和醫科學生了。他們在解剖屍體後（目的是研究死因，結果當然是無功而還），沒有認真清洗雙手，在檢驗孕婦時，把細菌一併帶到孕婦身上。

塞麥爾維斯醫生於是規定：各醫生和醫科學生在臨床檢查前，必須用漂白粉溶液清洗雙手。在嚴格執行消毒程序後，第一產科和第二產科的死亡率都顯著降低了：

	第一產科	第二產科
1848 年	1.27%	1.33%

經過進一步的觀察，塞麥爾維斯醫生更可解釋為甚麼用助產士幫助接生似乎比用醫科學生安全。因為第二產科由助產士接生，助產士的訓練不包括解剖屍體，所以便較少機會傳遞細菌了。在此之後，細菌傳遞疾病的說法才逐漸為世人所認識。

11.3 對猜想的檢驗

科學知識起源於猜想，而猜想需要運用創造力和想像力。然而，科學知識有其客觀性，猜想雖然可以由人主觀地構思，但它是否可信則有賴於進一步的檢驗。經不起檢驗的主張會受到事實的反駁。科學知識的演進即依循這"猜想→反駁→再猜想"的途徑進行。

氣體的動力學理論（The Dynamic Theory of Gases）就是一個很好的例子。這個理論並不是經由觀察而歸納得來的，相反，是先有了這個理論，我們才會留意到一些本來不會留意到的現象。按照這個理論，氣體由無數的小分子組成，亂飛亂撞。氣體的溫度愈高，分子的飛行速度愈快。分子撞擊到容器上面，遂構成氣體的壓力。這個理論是基於牛頓力學的靈感而構思出來的，並非由經驗觀察而得，最少在提出這個理論的時候，沒有人有辦法觀察到氣體分子的實際活動情況。但這個理論除了可以解釋已有的氣壓與體積成反比定律（Boyle's Law）及壓力與氣溫成正比定律（Gay-Lussac's Law）之外，尚可以有一出人意表的預測：氣體在高度壓縮的時候表現會大異於平常（Campbell, 1953），這是因為沒有空間給氣體的分子動彈的緣故，分子既不能動彈，撞擊到容器壁的次數減少，壓力因而不升反降。

物理學大師愛因斯坦（Albert Einstein, 1879-1955）的理論得力於思考的成分更大，但他的結論是可以被檢驗的（testable）。他的結論往往出人意表（例如說光線會受引力場的吸引而屈曲）。若他那些出人意表的預測被發現不是真的，他的理論便會受到挫折；但結果卻被發現是真的，大大增加了他的理論的可信性。芝加哥大學實驗物理學家密立根（Robert Millikan, 1868-1952）認為愛因斯坦關於光量子的理論極之荒謬，立意要推翻它。他花了十年時間企圖證明愛因斯坦的理論錯誤，結果卻是一次又一次的見證了愛因斯坦的預測成功，成了愛因斯坦的理論的功臣。（Regis, 1987: 26）

愛因斯坦的成功得力於思考。

科學的猜想雖然很多時候不可以被證實，但毫無例外都是可以被檢驗的。科學理論的目的在於描述及解釋世界的一些現象，它必定是有內容的。它指出在某些情況之下會有某現象。也就是說，它排除了在那些情況之下沒有某現象的可能性。若該理論所排除的可能性竟然出現，則該理論必然有錯誤。由於一個有內容的理論必會排除某些可能性，所以它必是可否證的（falsifiable）。

那些不能被檢驗而又自稱是科學的主張只能算是偽科學（pseudo science）。

奧地利心理學家阿德勒（Alfred Adler, 1870-1937）認為

無論一個人有甚麼行為，歸根究底都是出於自卑感（feeling of inferiority）。如果你不幫助人，阿德勒説這是因為你自卑，覺得自己沒有用，自己都顧不了，哪有能力幫助別人；如果你幫助別人，阿德勒説這亦是因為你自卑，你要證明給自己及別人看，你是行的，這其實也是自卑感作祟。總之，無論你做甚麼都表示你有自卑感。你因為自卑感幹出甚麼事，事先阿德勒是説不出來的，但事後卻總可以給你圓滿的解釋。由於他的主張不能被檢驗，無論發生甚麼他都可以圓滿解釋，所以他的主張並不是科學的主張。

另一位心理學家佛洛伊德（Sigmund Freud, 1856-1939）的心理分析學説亦有同樣問題。無論一個人有甚麼行為都會被佛洛伊德解釋為出於性慾。看色情片固然是性慾的表現，拍拖亦然，諸如打電子遊戲機、做運動、讀書，以至選擇繼續升學，莫不是你性慾發洩或昇華的途徑。總之，無論你做甚麼都足以證明佛洛伊德的理論；無論你做甚麼都不能推翻他的理論。這類主張無法被檢驗；只是出於主觀的猜想，卻缺乏客觀的內容。（Popper, 1972）

11.4 猜想的修正

猜想有可能對，亦有可能錯。當猜想有錯的時候，怎樣的修正才是可以接受的呢？怎樣的修正才算是在為追尋真理而努力？怎樣才算是文過飾非的舉動？

一個想法可以被修正免於被事實所推翻。但是只有那些可被獨立地測試（independently testable）的修正，才是有益和有建設性的。

例如"所有麵包都可以吃"的説法，由於多年前在法國某村落發生的毒麵包事件而被推翻了。如果我們改口説"所有麵包，除了法國那一條村的那一批麵包之外，其餘全部都是可以吃的"，這個修正並不可被獨立地測試，我們並沒有因為這個修正的提出而獲得一些前所未有的測試方法，亦沒有引出下一步研究的方向。

但如果我們提出以下的修正就不同了："所有麵包，除了是被某種菌污染了的麥造成的麵包之外，都是可以吃的"。這個修正可以引出新的測試，例如：

- 化驗有毒的麵包是否含有該種菌。
- 在麥上培養該種菌，看看是否會造成有毒的麵包。
- 化驗該種菌，看看是否含有一些已知的有毒物質。

由此，我們的研究有了新的方向，新的修正提供了較原來的想法更多的檢驗途徑，我們因此而説這個修正是可以被獨立地測試的。(Chalmers, 1982)

以上我們提到猜想可以被檢驗及推翻。但很多時候，科學家們的想法並不是獨立地被檢驗的。單由一個理論，並不足以導致一個預測。一個理論很多時需要連同其他輔助理論或觀察報告，才能導出一個預測。

例如，以前的人相信太陽系有七大行星，最外的一顆是冥王星（編按：冥王星在 2006 年被排除在行星以外）。一些科學家發現冥王星的軌跡與根據牛頓定律所作的推斷有異，他們是否因此而推翻牛頓定律呢？並不，他們寧願懷疑其他的主張而不去懷疑牛頓定律。一些科學家推斷，如果牛頓定律沒有錯，太陽系一定不止有七顆行星，他們根據牛頓定律及七大行星的質量及軌跡，計算出第八顆行星的質量及軌跡，稱之為天王星，隨後再作觀察，果然有所發

現。（**Lakatos,** 1978: 16-17）

　　若一個理論（例如牛頓定律）連同其他輔助理論及觀察報告（例如太陽系有七大行星的想法）才能導致一個預測，當預測不準確時，科學家亦可以歸咎於其他輔助理論或觀察報告，而不承認該個理論受到推翻。（**Quine and Ullian,** 1978: 9-19; **Giere,** 1979: 84-103）

摘要

- 猜想在科學發現的過程中不但不能避免,並且有積極的作用。如果沒有猜想,便不能決定眼前的眾多事實中哪些值得留意,亦不能為進一步的研究定出方向。

- 科學理論的產生有賴於創造性的猜想,並不是僅靠對已有經驗的整理即可得出。但這並不表示科學理論的建造是任意的,因為建造出來的理論有待進一步的嚴格測試。

- 測試的結果可能不符合根據理論而作出的預測,為了避免理論被徹底推翻,可以對理論作出修正。合乎科學精神的修正是可以被獨立測試的,即是說修正後的版本比起原來的版本提供了額外的途徑,以對理論作出測試。

:: 練習題

試討論以下的主張是否可被檢驗：

1. 亞里士多德認為落體的速度與重量成正比。即物體越重，下降的速度越快。

2. 神造論（**Creationism**）認為世界是神所創造的。至於進化論（**Evolution Theory**）的證據 —— 化石 —— 只不過是神在創造世界時所一併創造的罷了。

3. 人人都是自私的。不做善事的人是自私的，因為他們不顧他人。做善事的人是自私的，因為他們沽名釣譽。不為名譽而做善事的人是自私的，因為他們是為了自己心安理得。

4. 物競天擇，適者生存。A 島的蜥蜴善戰，B 島的蜥蜴走得快，C 島的蜥蜴吃得少。牠們能夠生存，都是因為適應環境。A 島有其他爬蟲，不夠打的蜥蜴會死亡，故善戰的蜥蜴才能夠生存。B 島除爬蟲類動物外尚有更大的動物，善戰的蜥蜴亦鬥不過那些大動物，故走得快的蜥蜴才能適應環境。C 島沒有其他動物威脅，但食物短缺，吃得少的蜥蜴才能適應此特殊環境。

第 12 章

結語
理性思考的界限與局限

古語有云：“好而知其惡，惡而知其美者，天下鮮矣！”

在本書中，我們介紹了理性思考不同的方面和方法。我們固然相信理性思考在追尋真理的過程中極其重要，但如果認為甚麼問題都可以用理性思考解決，就正中了法國數學家兼思想家巴斯卡（Blaise Pascal, 1623-1662）一語：“有兩個同樣危險的極端——不容得理性與只容得理性。”（Pascal, 1966: 83）在認識了理性思考的功用後，我們亦要認識其局限。

12.1 理性與行為

人的行為是否應該或可以完全由理性支配？時常有人說：某人的行為（例如反對興建核電廠、對強權採取對抗性行動）不合理性。到底甚麼行為才是不合理性？單憑理性是否可以決定我們應採取甚麼行動？

社會政策之中，是否有較合理性與不合理性之別？（例如興建核電廠是否比不興建核電廠更理性？）是否有一個政策是最合乎理性的？專家的決定是否比普羅大眾更合乎理性？若是如此，專家是否比普羅大眾更有資格決定社會應該採用哪些政策？

要解答以上問題，我們要先探討理性在決定行為時所起的作用。理性可以告訴我們甚麼的方法可以達到甚麼的目的。（Hume, 1978）如果要喝汽水，可以在冰箱找到；如果要喝奶茶，要用開水沖。如果要醫好某人，要給他吃某種解藥；如果要毒死他，可給他吃某種毒藥。

至於甚麼目的才值得追求，這是理性所不能告訴你的。喝奶茶好呢，還是喝汽水好呢？這不是單憑理性可以決定的。或許你說，我選擇喝汽水，因為喝得奶茶多牙齒會發黃；或許你說，我選擇喝奶茶，因為喝得汽水多會過胖。但為甚麼你認為避免牙齒發黃比避免過胖較重要或較不重要？

假設現在我的最大目的是發財，怎樣才是教我們致富的最有效辦法呢？這個問題是理性可以回答的。但假如我現在想：到底我好不好放棄我的億萬家財，皈依我佛。這卻不是一個理性所能解答的問題。

值得注意的是，我們這裏所謂理性，是取其狹義的解釋。至於理性廣義的解釋，是可以包括對目的之選擇的含義，本身已是一個很富爭論性的哲學問題，不在本書討論範圍之內。

我們有了一個目的，才可以判斷一個行為是否合乎理性。如果一個人的行為是他自覺地能達到他想達到的目的，他的行為便是合乎理性的（rational）。如果一個人採取的行為不能達到自己的目的，甚或足以破壞其目的，那麼他的行為是不理性的（irrational）。至於哪一個目的更值得追求，不是理性所能決定的，故此是非理性的（non-rational）。

專家比普羅大眾更有專門知識，故更能判斷哪一項政策更能達到某些目的。但專家並不比普羅大眾更有資格判斷哪些目的更值得追求。專家可以為我們估計核電廠有多大風險，但不能代我們來決定那些風險是否值得接受。到底多一些風險與較廉宜的電費，何者更為重要呢？這是一個價值觀的問題，並不是單憑理性可以解決的。

科學＋理性＝興建核電廠

反對核電＝盲目＋無知＋撈政治

專家說……

12.2 理性與信念

大家可能仍會有這樣的想法：縱使我們應該做甚麼行為不能單由理性決定，我們應該相信甚麼、不相信甚麼大抵完全是屬於理性的範圍吧？

究竟信念是否應該或可以完全建基於理性？甚麼可以相信，甚麼不可以相信，是否可以完全由理性決定？我們是否可以選擇相信甚麼？憑着信心去接受一個信念，是否不合乎理性？

表面看來，我們並不能選擇相信甚麼或不相信甚麼。例如我不能相信自己是全世界最有錢的人，亦不能不相信自己是黑眼睛黃皮膚的中國人。若不如此的話便是自欺了。這似乎表示相信甚麼，須基於理性，不由得我們隨主觀意願相信甚麼或不相信甚麼。

如果有極強的證據支持一個主張，則不由我不信。例如，我不能不相信我有一雙手。另一方面，如果有極強的證據否定一個主張，則不由我相信。例如，我不能相信全世界的書都是用英文寫成的。

以上似乎顯示，相信甚麼或不相信甚麼要視乎有甚麼客觀的證據，而不是在乎我有甚麼主觀的希望。

可是，美國哲學家兼心理學家詹姆士（William James, 1842-1910）卻認為，在一些情況下，我們可以選擇去相信甚麼。（James, 1956）如果一個主張已被證明是錯誤的，我們固然不可能選擇相信。但如果一個主張有可能是對的，而為了應付生活我們又有需要這麼相信，則我們在沒有足夠證明之下選擇相信我們所願意相信的，亦不算是違背理性。

有不少問題是我們憑理性暫時不能解決的，但如果那些問題並不是急於解決的，我們便毋須急於作出選擇。例如，我們現時仍未能證明數學上的哥德巴赫猜想（Goldbach Conjecture）是正確的，但我們今天解決不了，可以留待明天；今年解決不了，可以留待明年。但對於不少人而言，另外一些問題，例如宗教問題，是較迫切的。有些人會認為即使是現世的生活亦可以因宗教信仰而獲益。因宗教信仰的緣故，宇宙與個人的關係由它與我的關係變成你與我的關係。早一日信和遲一日信並不一樣，人生可能由於宗教信仰而有了意義和目的。我們面對的情況並不是理性叫我們走向東，而宗教叫我們走向西，若是如此，宗教就是不理性的。我們面對的情況是，理性在一些問題上根本沒有指示叫我們如何走，在那些問題上，我們是基於理性以外的原因而作出決定，只能算是非理性的。

哈佛大學經濟學者羅拔斯（Marc J. Roberts）曾舉例說明價值觀念對於一個說法是否可被接受的影響。假設有兩個理論 —— 理論 A 和理論 B。無論我們接受哪一個，我們都有可能錯誤。我們在決定接受兩個理論中的一個時，要考慮的因素包括：

- 錯誤的可能性；
- 錯誤付出的代價。

假設有兩個理論，一個認為不同種族的智慧有先天的差別，另一個理論則認為不同的種族先天的智慧沒有明顯的差別。如果接受前一個理論，而這個理論又是錯誤的話，會有災難性的後果；如果接受後一個理論，而這個理論又是錯誤的話，後果則不會這樣嚴重。由於在代價上有如此重大的差別，必須有極強力的證據人們才願意放棄後一個理論。（Weizenbaum, 1984, ch.10）按照這個觀點，我們決定是否接受一種看法的時候，除了要看支持這種看法的證據是否充足外，還要看萬一接受了錯誤的看法，代價會有多大。

:: 練習題

1. 因為喜歡某餅家的月餅廣告而選購該餅家的月餅,是否不合理性?

2. 假定以下的表白是乙的真心說話,乙參與非法賽車是否不合理性?

   甲:"為甚麼你要參與非法賽車?你知不知道這樣做很危險?"

   乙:"唉!我其實並不喜歡賽車,不過為了錢才逼不得已罷了。"

   甲:"那麼賽車一次有多少錢?"

   乙:"如果贏了就有 1,000 元,不過很多時候我都會輸。"

3. 英才明天便要會考了,書還沒有溫習完,但世界盃的賽事這麼精彩,又豈能不看?看過之後,疲倦得不得了。英才想:天大的事睡醒了再算。遂蒙頭大睡。問:英才的行為是否不合理性?

4. 我們做數學題的時候,為甚麼填上某個答案而不是其他答案呢?並不是因為我們喜歡那個答案,而是理性告訴我們,那個答案是正確的。這是否足以說明某些行為是完全由理性指導呢?

附錄　練習題答案

第 2 章　言語的意義

1. "預早"一詞含混。到底要預早多久通知？交功課前夕才通知是否亦可以？

2. 一般人說的"平等"是說權利上的平等或政治地位上的平等，而該名人說的"平等"卻是"相同"的意思。說"男女平等"意思當然不是男女相同，而是男女應有平等的權利。該名人對"平等"一詞的解釋屬歪義。

3. "親中"可以指跟從中國政權的立場，亦可以指"親近中國政府"，故"親中"一詞有歧義。

4. "多榨百分之二十的果汁"是比較式用語，凡比較必有比較的對象，到底是比較甚麼榨汁方式可以"多榨百分之二十的果汁"？歷史上曾有案例，廣告客戶說的是相比起人手榨汁或相比已停產多年的舊款榨汁機。此語在語意上不完整，屬闕義。

5. "認真閱讀過本章的內容"有程度之分，講者只考慮兩個極端情況，即完全認真閱讀與完全不認真閱讀，忽略了相當認真閱讀但仍有跟不上或間有遺漏的情況。忽略了"認真閱讀"的含混性,犯了非黑即白謬誤。

6. "便宜四毛錢"是比較式用語,問題是比較起甚麼便宜四毛錢?此語在語意上不完整,屬闕義。須補回略去部分,句子的意思才完整。

7. "主力球員"一語有含混,沒有確切的範圍。可能球迷的理解是隊中的明星球員,但主辦者指的可能僅是正選球員。

8. 表面上這段說話提供了一個解釋,為何容許報界對消息來源保密對社會大有益處。但實際上它沒有提供任何解釋,解釋的內容"因為讓提供資料的人不致暴露身份,對社會的利益很有好處"不過是將前面的說話用稍為不同的用字再說一遍,猶如說"保密對社會有益,因為保密對社會有益",是一個偽解釋,只是空話。

9. 同學們說的"笨",指的是失策,並不是智力低下。老師卻將討論的重點改變了,爭論作弊者並非智力低下,與同學的討論並不相應。可以說,"笨"字有歧義,亦可以說,老師歪曲了同學所說"笨"的意思。

10. "異議"一般指的是當權者政見不同,並沒有"不論統治者倡議怎樣做,他都基本上反對"的意思。社論歪曲了"異議"一詞的意思,其用法違背一般用法,屬歪義。

第 3 章　資訊的可靠性

1. 首先，可以考慮資料來源。如果真有此事，應該是大新聞了，但其他報章並無報導。此項報導亦沒有好像一般新聞報導那樣註明消息來源，例如註明“美聯社電”、“法新社電”、“路透社電”等字樣。更奇怪的是，這則新聞是刊於副刊版而不是新聞版。對於這樣來歷不明的報導，自然不可以輕信。

   其次，可以根據常識判斷。只要有一點生物學常識，並且願意運用自己的常識，便可以判斷報導的事件是不可信的。人的精液與狗的精液固然可以混在一起，但能與卵子結合的始終只可以是一條精蟲，它只可以是人的精蟲或狗的精蟲，並不可以是半人半狗的精蟲。縱使與卵子結合的是狗的精蟲，亦不能生出人狗混合的雜種。因為狗的精子與人的卵子根本不能配對。

2. 不能馬上相信你朋友的電郵，因為你的朋友也是人云亦云，更不能把電郵再傳出去，應先印證此消息。新聞媒體有沒有報導？電視訪問是否有片斷流傳？時裝公司是否有回應？只要稍加印證，不難發現消息並無可靠來源，而涉事者已多番澄清並無其事。

第 4 章 對意見的批評

1. 要反駁"有女人的地方就有是非"，需要指出一些有女人但沒有是非的地方，例如說"凱倫海勒、德蘭修女是女人但不說人是非"，至於男人是否亦說是非則與論題無關。

2. 這個主張可以用歸謬法反駁。按照此君所言，胡人說胡語，漢人說漢語，李白說胡語，所以李白是胡人。但李白明明會說漢語，這豈不是說李白既是胡人又是漢人嗎？

3. 可以舉出不是少年女性（例如是少年男性或成年女性）而又喜歡讀瓊瑤小說的反例。

4. 這個推論預設了人（不論是生前或死後）都一定要在某個地方，既然不在人間，所以一定是在其他地方了。然而，人在死後可以是不在任何地方。正如一張紙在焚燒後不是到了另一個地方，而是消失了（組成紙的物質是繼續存在，但紙則確實不在了）。

5. 巴西隊教練的說話不合理，可以用類比法反駁他。自己球技很好才可以批評球隊的打法嗎？按照這個教練的說法，我不懂煮菜，就不可以批評廚師煮得不好吃嗎？我不懂駕車，就不可以批評司機駕車駕得不好嗎？

6. 乙的反駁不對應。"貴的東西亦有不好"並不能反駁"廉宜的東西都不好"的說法。乙應指出有些廉宜的東西亦是好的。

第 5 章 推理

1.【聯羣結黨】

	朱	牛	羊	
1	有	有	有	
2	有	有	無	
3	有	無	有	× 根據（2）
4	有	無	無	× 根據（1）
5	無	有	有	× 根據（3）
6	無	有	無	× 根據（4）
7	無	無	有	× 根據（2）
8	無	無	無	× 根據（4）

答案：朱、牛都必然有份，羊可能有參與，亦可能沒有參與。

2.【招聘職員】

設 A = 陳入選　　B = 李入選　　C = 張入選

A	B	C	
T	T	T	× 根據（3）
T	T	F	
T	F	T	× 根據（3）
T	F	F	× 根據（2）
F	T	T	× 根據（1）
F	T	F	× 根據（1）
F	F	T	× 根據（4）
F	F	F	× 根據（2）

答案：陳、李入選；張不入選。

3.【無罪推定】

設 A = 江有罪　　B = 河有罪　　C = 海有罪

A	B	C	
T	T	T	
T	T	F	× 根據（2）
T	F	T	
T	F	F	× 根據（2）
F	T	T	
F	T	F	× 根據（3）
F	F	T	× 根據（1）
F	F	F	× 根據（1）

答案：海肯定有罪。江與河二人中最少一人有罪。

4.【金庫盜寶】

設 A = 牛是盜寶者　　B = 馬是盜寶者　　C = 楊是盜寶者

A	B	C	
T	T	T	× 根據（2）
T	T	F	× 根據（4）
T	F	T	× 根據（3）
T	F	F	× 根據（2）
F	T	T	
F	T	F	× 根據（4）
F	F	T	× 根據（3）
F	F	F	× 根據（1）

答案：馬和楊是盜寶者。

5.【各執一詞】

設 A = 福有罪　　B = 祿有罪　　C = 壽有罪

根據檢察官的說法：

A	B	C	
T	T	T	
T	T	F	× 根據（2）
T	F	T	
T	F	F	× 根據（1）
F	T	T	× 根據（3）
F	T	F	× 根據（1）
F	F	T	× 根據（1）
F	F	F	× 根據（1）

根據辯護律師的說法：

A	B	C	
T	T	T	× 根據（1）
T	T	F	
T	F	T	
T	F	F	× 根據（3）
F	T	T	
F	T	F	
F	F	T	× 根據（2）
F	F	F	

　　檢察官的說法與辯護律師的說法可以同時成立，故並沒有矛盾。若雙方的主張都成立，只餘下第三個可能性，即福有罪，祿無罪，壽有罪。

6.【貪污舞弊】

設 A = 甲有罪　　B = 乙有罪　　C = 丙有罪　　D = 丁有罪

A	B	C	D	
T	T	T	T	× 根據（2）
T	T	T	F	× 根據（4）
T	T	F	T	
T	T	F	F	× 根據（4）
T	F	T	T	
T	F	T	F	× 根據（4）
T	F	F	T	
T	F	F	F	
F	T	T	T	× 根據（2）
F	T	T	F	× 根據（3）
F	T	F	T	× 根據（3）
F	T	F	F	× 根據（3）
F	F	T	T	× 根據（3）
F	F	T	F	× 根據（3）
F	F	F	T	× 根據（1）
F	F	F	F	× 根據（1）

答案：（1）甲確實有罪。

　　　　（2）如果乙和丙二人要麼都有罪，要麼都沒有罪，那麼
　　　　　　　只可能乙和丙都沒有罪。

7. 【智斷偽鈔】

	第一張	第二張	第三張	
1	真	真	真	× 根據（2）
2	真	真	偽	× 根據（1）
3	真	偽	真	× 根據（3）
4	真	偽	偽	× 根據（1）
5	偽	真	真	× 根據（1）
6	偽	真	偽	
7	偽	偽	真	× 根據（1）
8	偽	偽	偽	× 根據（2）

答案：第一張是假鈔，第二張是真鈔，第三張則是假鈔。

8. 【齊齊捐血】

設 " ＋ " 代表會捐血

" － " 代表不會捐血

洪	藍	陸	呂	
＋	＋	＋	＋	× 根據（4）
＋	＋	＋	－	× 根據（3）
＋	＋	－	＋	× 根據（2）
＋	＋	－	－	× 根據（2）
＋	－	＋	＋	× 根據（4）
＋	－	＋	－	× 根據（3）
＋	－	－	＋	× 根據（3）
＋	－	－	－	
－	＋	＋	＋	× 根據（1）

−	＋	＋	−	× 根據（1）
−	＋	−	＋	× 根據（1）
−	＋	−	−	× 根據（1）
−	−	＋	＋	
−	−	＋	−	× 根據（3）
−	−	−	＋	× 根據（3）
−	−	−	−	× 根據（4）

答案：有兩個可能性：（1）只有洪捐血，其他三人都不捐；
（2）陸、呂二人捐血，其餘二人不捐。

9.【與誰共舞】

	紅男	綠男	藍男
紅女	✗（1）	✓（5）	✗（6）
綠女	✗（2）	✗（1）	✓（7）
藍女	✓（3）	✗（4）	✗（1）

推理：

（1）沒有人與同色衣服的舞伴跳舞，因此紅男與紅女、綠男
與綠女、藍男與藍女跳舞都是不可能的。

（2）紅男跳近綠女與她說話，因此紅男的舞伴不是綠女。

（3）紅男的舞伴不是紅女，亦不是綠女，因此紅男的舞伴是
藍女。

（4）藍女的舞伴是紅男，因此藍女的舞伴不是綠男。

（5）綠男的舞伴既不是綠女，亦不是藍女，因此綠男的舞伴
是紅女。

（6）紅女的舞伴是綠男，因此紅女的舞伴不是藍男。

（7）藍男的舞伴不是紅女亦不是藍女，因此藍男的舞伴是綠女。

答案：紅衣姑娘的舞伴穿綠色的衣服；綠衣姑娘的舞伴穿藍色的衣服；藍衣姑娘的舞伴穿紅色的衣服。

10.【四千金】

	修指甲	做頭髮	化妝	看書
如珠	✗(9)	✗(1)	✓(8)	✗(1)
如寶	✗(2)	✓(6)	✗(7)	✗(2)
如花	✓(10)	✗(3)	✗(11)	✗(3)
如霧	✗(5)	✗(5)	✗(5)	✓(4)

推理：

（1）如珠在修指甲或化妝。也就是說如珠既不在做頭髮，亦不在看書。

（2）如寶在做頭髮或化妝。也就是說如寶既不在修指甲，亦不在看書。

（3）如花既不在看書亦不在做頭髮。

（4）既然如珠、如寶、如花三人都不在看書，因此如霧在看書。

（5）既然如霧在看書，因此如霧不在修指甲，不在做頭髮，亦不在化妝。

（6）如珠、如花、如霧都不是在做頭髮，因此如寶在做頭髮。

（7）如寶在做頭髮，因此如寶不是在化妝。

（8）如珠或如寶在化妝。如寶不在化妝，因此如珠在化妝。

（9）如珠在化妝，因此如珠不在修指甲。

（10）如珠、如寶、如霧都不在修指甲，因此如花在修指甲。

（11）如珠在化妝，因此如花不在化妝。

答案：如珠在化妝；如寶在做頭髮；如花在修指甲；如霧在看書。

11.【四藝人】

	舞蹈家	歌星	作家	畫家
趙	✓(7)	✗(1)	✗(3)	✗(6)
錢	✗(8)	✗(9)	✓(2)	✗(2)
孫	✗(5)	✓(1)	✗(4)	✗(5)
李	✗(8)	✗(10)	✗(3)	✓(11)

推理：

（1）趙、孫都聽過歌星的演唱會。因此趙不是歌星，孫亦不是歌星。

（2）畫家為錢和作家繪過寫生人像。因此錢不是畫家，亦不是作家。

（3）作家為李寫了傳記，又準備為趙寫另一本傳記。因此李和趙都不是作家。

（4）趙、錢、李都不是作家，因此孫是作家。

（5）孫是作家，因此孫不是舞蹈家，亦不是畫家。

（6）趙從來沒有聽過孫這個人。孫是作家，畫家曾為孫畫過寫生人像，應認識孫。因此趙不是畫家。

（7）趙既不是歌星，不是作家，又不是畫家，因此趙是舞蹈家。

（8）趙是舞蹈家，因此錢和李都不是舞蹈家。

（9）錢不是舞蹈家，不是作家，又不是畫家，因此錢是歌星。

（10）錢是歌星，因此李不是歌星。

（11）李不是舞蹈家，不是歌星，不是作家，因此李是畫家。

答案：趙是舞蹈家；錢是歌星；孫是作家；李是畫家。

12.【四金屬】

	鐵	銅	錫	鎢
第一塊	✓（11）	✗（1）	✗（1）	✗（10）
第二塊	✗（9）	✗（2）	✓（8）	✗（9）
第三塊	✗（5）	✓（4）	✗（2）	✗（5）
第四塊	✗（3）	✗（3）	✗（7）	✓（6）

推理：

（1）第一塊是鐵或鎢。也就是説，第一塊不會是銅，亦不會是錫。

（2）第二塊不是銅；第三塊不是錫。

（3）第四塊是錫或鎢。也就是説，第四塊不會是鐵，亦不會是銅。

（4）第一塊、第二塊、第四塊都不是銅，因此第三塊是銅。

（5）第三塊是銅，因此第三塊不是鐵，亦不是鎢。

（6）第三或第四塊是鎢。第三塊不是鎢，因此第四塊是鎢。

（7）第四塊是鎢，因此第四塊不是錫。

（8）第一塊、第三塊、第四塊都不是錫，因此第二塊是錫。

（9）第二塊是錫，因此第二塊不是鐵，亦不是鎢。

（10）第四塊是鎢，因此第一塊不是鎢。

（11）第一塊不是銅，不是錫，不是鎢，因此第一塊是鐵。

答案：第一塊是鐵；第二塊是錫；第三塊是銅；第四塊是鎢。

第 6 章　演繹論證

1. 推理不正確。犯了否定前件謬誤。
2. 推理不正確。"愛迪生發明了電燈或是留聲機"是相容選言。
3. 推理不正確。犯了肯定後件謬誤。
4. 推理正確。屬於合成式的聯言推理。
5. 推理不正確。犯了肯定後件謬誤。
6. 推理不正確。犯了否定前件謬誤。
7. 推理不正確。犯了肯定後件謬誤。
8. 推理不正確。犯了否定前件謬誤。

第 7 章　歸納論證

1. 找過紫微陳算命的人可能有很多，單憑他為三個人算命很準確而斷定紫微陳算命很靈驗，所取的樣本過少，犯了不充分統計謬誤。而且三人全是你所熟悉的，有沒有可能三人亦是紫微陳所熟悉的呢？若是如此，則又犯了偏差統計謬誤。

2. 檢驗過 1,000 粒花生，表面看來所取樣本已不算少。但全取自其中一間超級市場的其中一包花生，欠缺代表性，可能該超級市場所入的都屬於某一批貨，亦可能剛巧那一包花生較多或較少壞豆。所以說話的人是犯了偏差統計謬誤。應該從不同的商號購買較多數量的花生，若是嫌花生太多難於檢查，可以將所有花生混和後，再隨機取出若干數目檢查。

3. 若因住在美國的人 99% 都不是華人，而推斷一個隨機抽出住在美國的人不是華人是有力的。但文中提到的人並不是隨機抽出的，文中提到他是住在三藩市唐人街的。三藩市唐人街住了不少華人，隨機抽出一個人而不是華人的機會不很大，所以此論證欠說服力。

4. 假如隨機抽問過 200 個大學生，也不算太少。但這 200 個學生並不是隨機選出來的。他們都是來自同一系，但文中並沒有提及他們是來自哪一系。不同學系的學生的閱讀習慣可能有很大別。讀社會科學的可能較多閱報，讀電腦的可能就較少了。只從一個學系選取樣本欠缺代表性，犯了偏差統計謬誤。

第 8 章 邏輯謬誤

1. 訴諸無知謬誤。不能證明上帝存在，只是不能肯定知道上帝存在，並不等於上帝不存在。

2. 分解謬誤。理科較出色，是男生作為一個整體的表現，並不可以引申為個別男生的表現。

3. 預設結論。"女性不適合做牧師"與"牧師是男性的工作"說的根本是同一句話，講者根本沒有提出任何理由支持其結論。

4. 預設結論。爭論的焦點是天體是否完美，爭論者卻先假定此結論，推斷伽利略通過望遠鏡看到的是幻象。

5. 誤認因果。如果很多男性都藏有色情刊物，自然可以在強姦犯家中搜出色情刊物，並不能證明強姦犯更受色情刊物影響。

6. 比喻不當謬誤。基督可說是教會的頭，教會要為基督服務，沒有基督就不會有基督教會。但妻子需要丈夫，並不弱於丈夫需要妻子，難以說誰是頭誰是腳。

7. 非黑即白謬誤。除了"有嚴重保安漏洞"和"蒼蠅也飛不進，百分百安全"這兩個可能性之外，應該還有其他可能性。

8. 訴諸個人。作者有固定立場，並不表示他所說的一定不能成立。批評者要批評作者的觀點，卻完全沒有提出任何理性上的理由，指出作者的論點不能成立。

9. 倉卒推廣謬誤。只是由兩次的事例就推論到一個普遍的規律。

10.非黑即白謬誤。不做聖人並不等於就要做禽獸，如果神父與修女有私情，尚可以用"神父不是聖人"去為他們辯護，但他們犯的是強姦罪，不單遠低於聖人，更遠低於常人。

11. 預設結論。"普通朋友之間不可以有性行為"與"性行為並不是普通朋友之間應有的行為"說的根本是同一句話，講者根本沒有提出任何理由支持其論點。

12. 分解謬誤。"英語水準大降"說的是香港社會的整體情況，這並不表示各個領域都普遍有"英語水準大降"的情況，不可以因此推論諸如大學教授、航空專業人士、英語教師有此情況。

挑戰題答案：

"你說甲生瘡，甲是中國人，你就是說中國人生瘡了。"由個別的中國人生瘡，而推論到一般的中國人生瘡，犯的是倉卒推廣謬誤。

"既然中國人生瘡，你是中國人，就是你生瘡了。"說"中國人生瘡"有歧義，可以是指"有些中國人生瘡"、"一般中國人普遍生瘡"、"所有中國人生瘡"。將"有些中國人生瘡"與"所有中國人生瘡"混為一談，犯的是歧義謬誤或偷換概念。由"一般中國人普遍生瘡"而推論個別的中國人生瘡，則犯了分解謬誤。

"你既然也生瘡，你就和甲一樣。而你只說甲生瘡，則竟無自知之明，你的話還有甚麼價值？"由於講者自己生瘡而斷定講者沒有資格說別人生瘡，即從說話者的身份去斷定說話內容的真假，犯的是訴諸人身謬誤，也就是人身攻擊的謬誤，不從內容及理據去分析說話的真假，而僅由於說話者的個人身份去攻擊說話的內容。縱使說話者有萬般不是，也不表示他的說話每一句都必然錯誤。

"倘若你沒有生瘡，是說謊也。"基於上面謬誤的論證推論出講者生瘡，可以進一步推論到講者如說自己沒有生瘡，便是在說假話。此處推論講者說謊，預設了上文的推論是正確的，犯了不當預設的謬誤。此處也有把"說假話"、"說謊"、"慣性說謊者"混為一談之嫌。縱使講者自己生瘡卻說自己沒有生瘡，可能只是"沒有自知之明"，不一定是故意"說謊"，縱是在此事上說謊，也不見得就是"慣性說謊者"。

"賣國賊是說謊的，所以你是賣國賊。"賣國賊是說謊的，你是說謊的，所以你是賣國賊。此處犯的是肯定後件謬誤。猶如說母親是女性，小青是女性，所以小青是母親；蘋果是紅色的，番茄是紅色的，所以番茄是蘋果。

"我罵賣國賊，所以我是愛國者。"此處只把人分成兩類，賣國賊與愛國者。且不說可以賊喊捉賊，喊捉賊的縱使不是賊也不見得一定就是警察。此處由否定自己是賣國賊，而斷定自己是愛國者，犯的是非黑即白謬誤。

"愛國者的話是有價值的，所以我的話是不錯的。"此處亦是將說話者的身份與說話內容的真假混為一談。縱使愛國者人格較為高尚，也不表示他們說的話就句句是真。將說話者的身份與說話內容混為一談，犯了不相干謬誤，既是訴諸個人，也可說是訴諸愛國者的權威。

"我的話既然不錯，你就是賣國賊無疑了！"上面自說自話，證明自己說的是真話，自己說的既是真話，則自己說對方是賣國賊也是真話，由此而斷定對方必是賣國賊，犯了循環論證謬誤。先說對方是賣國賊，由此推論自己是愛國者，再由此而推論自己是說真話者，再由此而推論到對方是賣國賊，前提成為結論，結論又成為前提，仿如前後呼應無懈可擊之論證。

第 9 章 涉及概率的思考

1. 一般人直覺的想法，大概是認為男女的比例各佔一半，事實卻並非如此。關於四名子女的性別，共有以下 16 種可能性：

男男男男	男女男男	女男男男	*女女男男*
男男男女	*男女男女*	*女男男女*	女女男女
男男女男	*男女女男*	*女男女男*	女女女男
男男女女	男女女女	女男女女	女女女女

　　其中兩男兩女的情況只有六種（斜字的組合）。三男一女或三女一男的情況有八種。全男或全女的情形有兩種。男女人數相等的可能性低於一半，只佔十六分之六。

2.

a. 六合彩中獎的機會很低，但為甚麼差不多每一次都有人中獎呢？這是否表示概率低的事一樣很有可能發生呢？如果只買一注六合彩，要那一注六合彩中獎的機會是很微的。但是有這麼多人買六合彩，要這麼多人中完全沒有人中也是很難的。每一注六合彩中獎的機會都很微，但這麼多注中有一注中獎的機會卻不少。

b. 這個推理不正確。按照這種想法，如果有三十萬人捐精（每人的精子仍用十次），有人亂倫的概率豈非等於 1 ？如果有超過三十萬人捐精，有人亂倫的概率豈非大於 1 ？亂倫的機會並不是互相排斥的，所以概率不可以相加。計算的方法應該如下：先計出一萬人捐精沒有人亂倫的概率：

$$[\ 299999/30000\ ]^{10000} = 0.9672$$

有人亂倫的概率 = 1 − 沒有人亂倫的概率

= 1 − 0.9672

= 0.0328

所給的答案三十分之一，也就是 0.0333，與正確答案 0.0328 相去不遠，但是計算方法卻錯誤了。

3. 否。多數汽車意外是在以一般速度行駛時發生的，並不表示開快車比開慢車安全。因為大部分汽車都是以一般速度行駛，因此，有較多汽車意外是在以一般速度行駛時發生，實屬正常。正如每日死亡的中國人比英國人多，這並不表示中國人較英國人容易死亡，因為世界上中國人的數目多，自然每日有更多的中國人死亡。

4. 如果預先指明要出現某個字，機會是很微的。但英文裏有這麼多字詞，玩 Scrabble 遊戲時，隨手豎起八張字母牌，毋須改變字母次序，便發覺其中有一個有意思的字，並非太不可能。

5. 一個社會男女出生的比例，並不會隨人們主觀上定立的生育政策而轉移。假定一大班人到賭場賭大小（暫且不計圍骰機會），每人每次只買 10 元，每次都買大。如果贏了一次，便立即走；如果輸了，便繼續買。這樣開大的機會是否因而增加呢？當然是不會的。如果人們生了男孩，就不再生，生了女孩，就繼續生，每一次生男或生女的機會仍然是一半。假定有 1,000 對夫婦，有 500 對生了男嬰，另有 500 對生了女嬰，生了男嬰的不再生。生了女嬰的 500

對繼續再生，其中有 250 對夫婦生了男嬰，250 對夫婦生了女嬰。生了女嬰的 250 對夫婦再生育下去，其中亦約有一半生男，一半生女。如此下去，男女的比例仍保持在 1 與 1 之比。當然，如果人們生下了女嬰，把女嬰殺掉，再去生育，生下男嬰則把他養大，男女的比例就會不平衡了。

第 10 章 涉及統計的思考

1. 假設鄭嘟嘟的片酬是 **X**，周星星的片酬比鄭嘟嘟多 50%，也就是 1.5**X**。葉卿卿的片酬比周星星少 50%，也就是周星星的一半，即 0.75**X**。因此葉卿卿的片酬比鄭嘟嘟少。鄭嘟嘟的片酬增加 50% 再減少 50%，並不是還原為原來的片酬。因為增加 50% 是以鄭嘟嘟的片酬為比較對象，減少 50% 是以鄭嘟嘟片酬的一倍半為比較對象。

2. 假設兩層的紙尿片的吸水能力真的是只有一層的紙尿片的一倍，則大象牌的吸水能力應是其他牌子的 200%，也就是多出 100% 而不僅是多 50%。

3. 這個推斷並不可信。回覆者有自我選擇之嫌，欠缺代表性。帶領較多信徒歸依天主教的教士自然更樂於回答問卷。因此不能由回覆者領人入教的比例，推斷沒有回覆者亦有相近的領人入教的比例。

4. 圖中的兩個數值，44.9 與 74.2 之比，與兩棵樹的高度成比例。但圖中卻引導人將兩棵樹的體積（最少亦是兩個圖的面積）作比較，差別遠大於 44.9 與 74.2 之比。

5. 15% 是生產成本的 15%，10% 是售價的 10%，前者的 1% 與後者的 1% 並不相等，所以不可以用 15% 去減 10%。

    假設生產成本是 10 元，售價是 15 元。生產成本增加了 15%，即是說新的生產成本是 11.5 元。售價增加了 10%，即是說新的售價是 16.5 元。過去的利潤是 5 元，現在的利潤是（16.5 – 11.5）元，也是 5 元，並沒有減少。

    假設生產成本是 10 元，售價是 20 元。生產成本增加了 15%，即是說新的生產成本是 11.5 元。售價增加了

10%，即是説新的售價是 22 元。過去的利潤是 5 元，現在的利潤是（22 − 11.5）元，是 10.5 元，較過去的利潤多了 5.5 元，不單止沒有減少，還上升了 110%！

第 11 章 猜想與檢驗

1. 亞里士多德的想法是錯的，但可以被檢驗。你可以做一實驗，從高處同時擲下一件一斤和一件兩斤的物件，兩斤的物件下降的速度肯定並不比一斤的物件快一倍。所以“落體的速度與重量成正比”是錯的。

2. 這個說法不可以被檢驗，無論發現甚麼，都可以說是神創造時故意埋在那裏的。按照這種說法，你甚至可以說整個世界是神在三秒鐘前創造的，一切歷史文獻、個人記憶都是神在三秒鐘前一併創造的。

3. 這個說法說了等於沒有說，因為它並不排除任何的可能性。平常說一個人自私，是說他有某種行為傾向，有一些事是他不會做的。但此處所說的自私，沒有甚麼不可以或不會做。不做善事的人是自私的，做善事亦是自私的。這種說法沒有指出某類行為是自私的人不會做的，並沒有排除任何可能性，所以沒有內容，亦不可以被檢驗。

4. 單說“適者生存”並沒有說明甚麼是適者、甚麼會生存。善戰的不一定是適者，走得快的亦不一定是適者，甚麼是適者全視乎環境而定。所以“適者生存”並沒有告訴我們甚麼會生存。能夠生存下來的便算是適應環境，便算是適者了。因此“適者生存”只等於說“能夠生存的便能夠生存”，並不排除任何可能性，故不可被檢驗。

第 12 章 結語 —— 理性的界限與局限

1. 喜歡食某品牌月餅的理由可以是各有不同的。有人可能是因為味道，有人可能是因為裝璜，亦可以是因為喜歡月餅的廣告而選購，以表讚賞及支持，並不可以説是不合理性。

2. 乙的做法可謂不合理性。他賽車的目的是賺錢，但他贏的錢很少，而且時常會輸，可見賽車對於他而言並不是一個能有效地達到他賺錢這個目的的途徑。他選擇沒有效的手段去達致其目的，故不很理性。

3. 問題是英才到底認為哪一方面重要 —— 睡覺重要還是成績重要。如果英才認為睡覺重要，寧願考試不及格算了，他可算懶，但不算不合理性。

4. 追求真理是一個動機，追求高分亦是一個動機，單憑理性並不能決定我們應該追求真理。假設某老師出了一道試題，你知道正確的答案是 A，但你又知道老師心目中的答案是 B。如果答 A 你答對了，但沒有分；如果答 B 你答錯了，但得滿分，你應該怎樣作答呢？在這情況下追求真理和追求高分兩個動機會有衝突。理性可以告訴你正確的答案是 A，但不能告訴你應該答 A。

參考書目

中文論著

方子華等（2005）《批判思考》，Singapore: McGraw-Hill。

內井惣七（1988）《推理與證明 —— 現代邏輯的技巧》，陳祖軍等譯，北京：中國人民大學出版社。

王雨田（1987）《現代邏輯科學導引》，北京：中國人民大學出版社，上下冊。

文思慧、梁美儀（編）（1997）《思行交匯點 —— 哲學在香港》，香港：青文書屋。

巨朝軍、丁文方（1988）《形式邏輯教程》，濟南：山東教育出版社。

李天命（1981）《語理分析的思考方法》，香港：青年書屋。

何秀煌（1984）《邏輯：邏輯的性質與邏輯的方法導論》，台北：東華書局。

林正弘（1986）《邏輯》，台北：三民書局。

余錦波、方子華（1994）《思考常談》，香港：嶺南學院。

邱仁宗（1984）《科學方法和科學動力學 —— 現代科學哲學概述》，上海：知識出版社。

涂紀亮（1988）《英美語言哲學概論》，北京：北京人民出版社。

梁恩榮、劉傑輝（1993）《政治教育在香港》，香港：香港基督徒學
　　會出版。

張圭陽（1988）《香港中文報紙組織運作內容》，香港：廣角鏡出版
　　社。

張遠南（1989）《否定中的肯定 —— 邏輯的故事》，上海科學普及
　　出版社。

彭漪漣、余式厚（1981）《趣味邏輯學》，北京：中國青年出版社。

董時睿（1991）《跨越數字陷阱 —— 統計上常犯的 14 種錯誤》，台
　　北：遠流出版公司。

蕭文強、林建（1982）《概率萬花筒》，香港：廣角鏡出版社。

貝尼斯（Daniel D. Banice）（1988）《文科數學 —— 概念與應用》，
　　袁向東譯，北京：科學普及出版社。

貝弗里奇（W. I. Beveridge）（1984）《科學研究的藝術》，徐捷譯，
　　北京：科學出版社。

尼爾・布朗（M. Neil Browne）、斯圖爾特・基利（1994），張曉輝、
　　王全杰譯，《走出思維的誤區》，北京：中央編譯出版社。

科庇（Irving M. Copi）（1988）《符號邏輯》，宋文堅、宋文淦等譯，
　　北京：北京大學出版社。

葛登能（Martin Gardner）（1988）《跳出思考的陷阱》，薛美珍譯，
　　台北：天下文化出版公司。

馬丁・李（Martin A. Lee）、諾曼・蘇羅蒙（Norman Solomon）
　　（1995）《不可靠的新聞來源》（*Unreliable Sources: A Guide
　　to Detecting Bias in News Media*），台北：正中書局。

李普曼（Mathew Lipman）（1979）《哲學教室》，楊茂秀譯，台北：
　　學生書局。

波利亞（G. Polya）（1984）《數學與猜想》，李志堯等譯，北京：科學出版社。

波普爾（Karl Popper）（1986）《猜想與反駁》，傅季重等譯，上海：上海譯文出版社。

拉比（Lionel Ruby）（1976），《如何想得清楚和正確》，王曼君譯，台北：水牛出版社。

斯穆里安（Raymond Smullyan）（1987）《這本書叫甚麼》，康宏逵譯，上海：上海譯文出版社。

理查・伍曼德（Richard Saul Wurman）（1994）《資訊焦慮》（*Information Anxiety*），台北：時報文化出版企業。

英文論著

Austin, John L. (1965). *How to Do Things with Words.* New York: Oxford University Press.

Baird, Davis (1992). *Inductive Logic: Probability and Statistics.* Englewood Cliffs, NJ: Prentice-Hall.

Beardsley, Monroe C. (1966). *Thinking Straight* (Third Edition). Englewood Cliffs, NJ: Prentice-Hall.

Browne, M. Neil, and Stuart M. Keeley (1990). *Asking the Right Questions: A Guide to Critical Thinking* (Third Edition). Englewood Cliffs, NJ: Prentice-Hall.

Campbell, Norman (1953). *What is Science?* New York: Dover Publications.

Carroll, Lewis (1958). *Symbolic Logic.* New York: Dover

Publications.

—— (1962). *Alice's Adventures in Wonderland.* New York: Macmillan.

Chalmers, A. F. (1982). *What is This Thing Called Science?* (Second Edition). Milton Keynes: Open University Press.

—— (1990). *Science and its Fabrication.* Milton Keynes: Open University Press.

Copi, Irving and Carl Cohen (1994). *Introduction to Logic* (Ninth Edition). New York: Macmillan Publishing Company.

—— (1980). *Informal Logic.* New York: Macmillan Publishing Company.

Damer, T. Edward (1987). *Attacking Faulty Reasoning* (Second Edition). Belmont: Wadsworth Publishing Co.

Dewey, John (1933). *How We Think.* Lexington, MA: D.C. Heath and Company. Reprinted in 1960.

Einstein, Albert (1973). *Ideas and Opinions.* New York: Dell Publishing Co.

Ewing, Alfred C. (1951). *The Fundamental Questions of Philosophy.* London: Routledge & Kegan Paul.

Fischer, David Hackett (1970). *Historians' Fallacies.* New York: Harper Perernnial.

Flew, Anthony (1975). *Thinking about Thinking.* Glasgow: Fontana.

Frege, Gottlob (1953). *The Foundations of Arithmetic.* Oxford: Blackwell.

Friedrich Waismann (1965). *The Principles of Linguistic Philosophy.* London: Macmillan.

Gardner, Martin (1978). *Aha! Insight,* New York: Scientific American Inc.

—— (1981). *Mathematical Circus.* Harmondsworth: Penguin Books.

—— (1983). *Science Good, Bad and Bogus.* Oxford: Oxford University Press.

Giere, Ronald N. (1979). *Understanding Scientific Reasoning.* New York: Holt, Rinehart and Winston.

Gjertsen, Derek (1989). *Science and Philosophy.* Harmondsworth: Penguin Books.

Gregory, Richard L. (ed.) (1987). *The Oxford Companion to the Mind.* Oxford: Oxford University Press.

Grinnell, Frederick (1987). *The Scientific Attitude.* Boulder: Westview Press.

Guttenplan, Samuel (1986). *The Languages of Logic.* Oxford: Basil Blackwell.

Hamblin, C. L. (1972). *Fallacies.* London: Methuen & Co. Ltd.

Hansen, Hans V. and Robert C. Pinto (1995). *Fallacies: Classical and Contemporary Readings.* University Park, PA: Pennsylvania State University Press.

Hanson, Norwood R. (1958). *Patterns of Discovery.* Cambridge: Cambridge University Press.

Harman, Gilbert (1986). *Change in View.* Cambridge, MA: The

MIT Press.

Hempel, Carl G. (1965). *Aspects of Scientific Explanation.* New York: Free Press of Glencoe, Inc.

—— (1966). *Philosophy of Natural Science.* Englewood Cliffs, NJ: Prentice-Hall.

Hofstadter, Douglas R. (1980). *Gödel, Escher, Bach.* New York: Vintage Books.

Hospers, John (1973). *An Introduction to Philosophical Analysis* (Second Edition). London: Routledge & Kegan Paul.

Huff, Darrell (1973). *How to Lie with Statistics.* Harmondsworth: Penguin Books.

Hume, David (1978). *A Treatise of Human Nature.* Ed. L. A. Selby-Bigge. Oxford: Clarendon Press.

Jacobs, Harold R. (1982). *Mathematics: A Human Endeavor* (Second Edition). New York: W. H. Freeman and Company.

James, William (1956). *The Will to Believe and Other Essays in Popular Philosophy.* Originally published by Longmans, Green & Co., 1897. Republished by New York: Dover Publications.

Kahane, Howard (1986). *Logic and Philosophy* (Fifth Edition). Belmont: Wadsworth Publishing Company.

Kapadia R. and G. Andersson (1987). *Statistics Explained: Basic Concepts and Methods.* Ellis Horwood Ltd.

Katzer, Jeffrey, Cooks, Kenneth H, and Crouch, Wayne W. (1991). *Evaluating Information: A Guide for Users of Social*

Science Research (Third Edition). New York: McGraw-Hill.

Kuhn, Thomas (1970). *The Structure of Scientific Revolutions* (Second Edition). Chicago: Chicago University Press.

Lakatos, Imre (1978). *The Methodology of Scientific Research Programmes.* Cambridge: Cambridge University Press.

Lakatos, Imre and Alan Musgrave (1970). *Criticism and the Growth of Knowledge.* Cambridge: Cambridge University Press.

Liu, C. L. (1986). *Elements of Discrete Mathematics* (Second Edition). Singapore: McGraw-Hill.

Mates, Benson (1972). *Elementary Logic* (Second Edition). New York: Oxford University Press.

Medawar, P. (1981). *Advice to a Young Scientist.* London: Pan Books.

Mill, John Stuart (1843). *A System of Logic.* London: Longmans, Green & Company, Ltd.

Moore, G. E. (1903). *Principia Ethica.* Cambridge: Cambridge University Press.

Nagel, Ernest (1961). *The Structure of Science.* New York: Harcourt, Brace & World.

Nolt, John and Dennis Rohatyn (1988). *Logic*, New York: McGraw-Hill.

Pascal, Blaise (1966). *Pensées.* tr. A. J. Krailsheimer, Harmondsworth: Penguin Books.

Passmore, J. (1961), *Philosophical Reasoning.* London: Gerald

Duckworth & Co.

Paulos, John Allen (1990). *Innumeracy*. Harmondsworth: Penguin Books.

Penkins, Ray Jr. (1995). *Logic and Mr. Limbaugh: A Dittohead's Guide to Fallacious Reasoning.* Chicago: Open Court.

Popper, Karl (1959). *The Logic of Scientific Discovery.* London: Hutchison and Co.

—— (1972). *Conjectures and Refutations* (Fourth Edition). London: Routledge & Kegan Paul.

Pospesel, Howard and David Marans (1978). *Arguments: Deductive Logic Exercises* (Second Edition). Englewood Cliffs, NJ: Prentice-Hall.

Quine, Willard V. O. (1974). *Methods of Logic* (Third Edition). London: Routledge & Kegan Paul.

—— (1980). *Elementary Logic* (Revised Edition). Harvard University Press.

Quine, Willard V. O. and J. S. Ullian (1978). *The Web of Belief* (Second Edition). New York: Random House.

Regis, Ed. (1987). *Who Got Einstein's Office?* Princeton, NJ: Addison-Wesley.

Rowntree, Derek (1981). *Statistics Without Tears: A Primer for Non-mathematicians.* Harmondsworth: Penguin Books.

Russell, Bertrand (1967). *The Problems of Philosophy.* Oxford: Oxford University Press.

Salmon, Merrilee H. (1989). *Introduction to Logic and Critical*

Thinking (Second Edition). San Diego: Harcourt Brace Jovanovich, Inc.

Salmon, W. C. (1963). *Logic.* Englewood Cliffs, NJ: Prentice-Hall.

—— (1967). *The Foundations of Scientific Inference.* Pittsburgh: University of Pittsburgh.

Skyrms, Brian (1986). *Choice and Chance* (Third Edition). Belmont, CA: Wadsworth Publishing Company.

Smullyan, Raymond (1981), *What is the Name of This Book?* Harmondsworth: Penguin Books.

Thouless, R. H. (1974). *Straight and Crooked Thinking* (Third Edition). London: Pan Books.

Toulmin, Stephen, Richard Rieke and Allan Janik (1984). *An Introduction to Reasoning* (Second Edition). New York: Macmillan Publishing Co.

Walton, Douglas N. (1989). *Informal Logic.* Cambridge: Cambridge University Press.

Warnock, G. J. (1967). *Contemporary Moral Philosophy.* London: Macmillan Publishing Company.

Weizenbaum, Joseph (1984). *Computer Power and Human Reason.* Harmondsworth: Penguin Books.

Yu, Kam Por (2007). *Logic: The First Art.* Singapore: McGraw-Hill.

推介書籍

John Hospers 著 *An Introduction to Philosophical Analysis* (London: Routledge & Kegan Paul, 1973) 是訓練思考很好的一本入門書籍。不少複雜的問題，在作者手中都得到有條不紊的處理。從本書可以學習作者化繁為簡、化深為淺的本領。Irving M. Copi 著 *Informal Logic* (New York: Macmillan, 1986) 對形式邏輯以外的思考方法有較全面的討論。李普曼（Matthew Lipman）著，楊茂秀譯：《哲學教室》（台北：學生書局，1979 年）亦是很好的入門書籍，以故事形式通過一個孩子在學校及家中的生活講述思考方法，流暢易讀，很生活化及有趣味性。

Wesley Salmon 著 *Logic* (Prentice-Hall, 1963) 是一本很扼要的邏輯學入門書，不喜歡符號而又想對邏輯有基本認識的讀者可以先看此書。此書有中譯本：何秀煌譯，《邏輯》（台北：三民書局，1970 年）。Irving M. Copi 的 *Introduction to Logic* (New York: Macmillan, 1968) 是一本受到廣泛採用的邏輯教科書。Howard Pospesel and David Marans 著 *Arguments: Deductive Logic Exercises* (Prentice-Hall, 1978) 是一本命題及論證雜錦，大量從日常生活及各學科論著中取材，宜配合一本教授形式邏輯的課本使用。

Raymond Smullyan 著 *What is the Name of this Book?* (Penguin Books, 1981) 是一本很有趣的書，收集了不少前人的及作者自創的邏輯謎題，內容由淺入深，富挑戰性。有中譯本：斯穆里安著，康宏逵譯：《這本書叫甚麼？》（上海譯文出版社，1987 年）。Martin Gardner 是一位很有名的趣味數學（recreational mathematics）的作者，他的 *Aha! Gotcha: Paradoxes to Puzzle and Delight* (New York: Freeman, 1982) 分為邏輯、數目、幾何、概率、統計、時間六個部分，介紹各個領域中的謬論，從而起到刺激思考的作用，趣味性極強。有中譯本：葛登能（**Martin Gardner**）著，薛美珍譯：《跳出思考的陷阱》（台北：天下文化出版公司，1988 年）。如果意猶未盡，可再看 Martin Gardner, *Aha! Insight* (New York: Scientific American, 1978)，兩書都是純例子，並附插圖。此書亦有中譯本：加德納著，白英彩、崔良沂譯：《啊哈！靈機一動》（上海科學技術文獻出版社，1989 年）。彭漪連，余式厚：《趣味邏輯學》（北京：中國青年出版社，1981 年）亦收錄了多類邏輯謎題。

　　內井惣七著，陳祖軍等譯：《推理與證明 —— 現代邏輯的技巧》（北京：中國人民大學出版社，1988 年）介紹了以消減法解決邏輯謎題，上文提到 Copi 的 *Informal Logic* 則介紹了以矩陣法解決邏輯謎題，兩書都附有為數不少的練習。此外，**Gardner** 的 *Aha! Insight* 收了不少有趣的謎題，其中有些可用矩陣法解決。

　　不識字者，謂之 "illiteracy"：不識數者，謂之 "innumeracy"。John Allan Paulos 著 *Innumeracy* (Penguin Books, 1990) 指出對數字的不敏感、對概率的無知如何造成謬誤的思想，內容風趣抵死。Darrell Huff 著 *How to Lie with Statistics* (Penguin Books,

1973) 雖然已出版多年，但作者針對的時弊現時仍廣泛存在。本書說理之清楚、用例之有趣，直至目前仍難有能取代其地位者。董時睿：《跨越數字陷阱——統計上常犯的 14 種錯誤》（台北：遠流出版公司 1991 年），較多一些華人社會的例子，可讀性亦相當高。

對科學方法有興趣的讀者可看 A. F. Chalmers 著 *What is This Thing Called Science?* (Open University Press, 1982)。這本書前半部分對現代的科學哲學有很好的介紹，後半部分作者提出自己的意見，則較混亂和具爭論性。中文著作中，邱仁宗：《科學方法與科學動力學》（上海：知識出版社，1984 年）是很不錯的一本，能相當清楚及準確地介紹西方主要科學哲學的立場及論據，雖屬入門書籍，但不同於一般浮光掠影之作。瑞尼（**Alfred Renyi**）著，陳家鼎譯：《數學對話錄》（香港：金陵出版社，1986 年），以古代科學界名人對話的形式，帶出對科學性質及方法的探討，其中不乏發人深省的洞見。

近年的著作中，Deborah J. Bennett 著 *Logic Made Easy: How to Know When Language Deceives You* (New York: W. W. Norton & Company, 2004) 是很好的一本大眾讀物。作者是數學教授，但將書寫得平易近人，讀者可以同時得到趣味上及智性上的滿足，此書值得向不用應付考試又確實想學得嚴謹知識的讀者推薦。對於邏輯學及理性思考的發展和歷史有興趣的讀者可以看 Michael Shenefelt 及 Heidi White 合著的 *If A then B: How the World Discovered Logic* (New York: Columbia University Press, 2013)。很多重要的觀念及突破在書中都有頗深入的介紹和分析。Maria Konnikova 著 *Mastermind: How to Think Like Sherlock Holmes* (New York: Penguin Books, 2013) 則從多角度多學科介紹

理性思考，較多應用到心理學、認知科學、腦神經科學的新知識，並加以綜合討論。Stuart Sutherland 著 *Irrationality: The Enemy Within* (London: Pinter and Martin, 2007) 亦是我喜歡的一本書。作者是知名心理學教授，後來患了精神病，痊癒後寫成此書，以過來人身分談不理性的思考，文筆辛辣，諷人之餘不忘自嘲，內容精彩，趣味濃郁。A. K. Dewdney 著 *200% of Nothing: An Eye-Opening Tour through the Twists and Turns of Math Abuse and Innumeracy* (New York: John Wiley & Sons, 1996) 分析大量誤導數據及騙人伎倆，不乏從政客、廣告、傳媒搜集得來的實際例子。看過本書討論概率及統計部分，覺得意猶未盡的讀者，可以再看此書。